ITINÉRAIRE DE L'ESPRIT JUSQU'EN DIEU

DANS LA MÊME COLLECTION

Translatio
Philosophies Médiévales

Directeurs : Jean-Baptiste BRENET et Christophe GRELLARD

BONAVENTURE

ITINÉRAIRE DE L'ESPRIT JUSQU'EN DIEU

Introduction, notes et glossaire par
Laure SOLIGNAC

traduction par
André MÉNARD ofmcap.

PARIS
LIBRAIRIE PHILOSOPHIQUE J. VRIN
6 place de la Sorbonne, V e

2019

© *Librairie Philosophique J. VRIN*, 2019
Imprimé en France
ISSN 2430-7718
ISBN 978-2-7116-2882-7
www.vrin.fr

INTRODUCTION

Le Moyen Âge regorge d'itinéraires en tout genre, commentés ou non, à destination des marchands, des pèlerins et autres voyageurs. Saint Bonaventure lui-même a dû en utiliser ; si la *via francigena* avait pour elle l'évidence des chemins très fréquentés, il n'en allait pas de même pour toutes les voies que devait emprunter le ministre général de l'Ordre des frères mineurs, lors de ses nombreuses visites à travers les couvents d'Europe. La « voie » : ce mot résume assez bien la condition de l'homme au XIII e siècle, fût-il parfaitement sédentaire ; l'homme médiéval chemine, sa demeure terrestre n'étant que l'image fragile de sa véritable patrie, en Dieu ; sur cette « voie » qu'est sa vie, balisée par les sacrements que l'Église lui dispense, il avance peu à peu vers sa demeure définitive. Il n'est donc guère étonnant que Bonaventure ait choisi le paradigme de l'itinéraire pour amener son lecteur pas à pas « jusqu'en Dieu », *in Deum*, comme on se rend en un pays lointain et pourtant familier [1]. Cet objectif peut

---

1. Que Bonaventure ait intitulé son opuscule *Itinerarium mentis in Deum*, plutôt que *ad Deum* est signifiant : « Dans le titre même de l'*Itinerarium*, saint Bonaventure ne dit pas *ad*, car le but de l'*Itinéraire* n'est pas de porter purement *vers* Dieu, ni seulement de toucher ou d'atteindre Dieu par l'intelligence. *In* signifie la démarche actuelle d'entrer en Dieu, dans la plus haute affection d'amour dans l'union mystique » (*Lexique saint Bonaventure*, J.-G. Bougerol (dir.), Paris, Éditions franciscaines, 1969, p. 86). Comme ce *in* est toutefois accompagné d'un accusatif et non d'un ablatif, il est traduit par « jusqu'en », afin de rendre le sens dynamique de l'expression latine.

néanmoins sembler excessivement ambitieux : parvenir
au Royaume n'est-il pas réservé à ceux qui ont atteint le
terme de leur vie ? Par quel moyen peut-on y prétendre, si
ce n'est par la mort ? Et quand bien même la mort ne serait
pas requise, comment l'éternité pourrait-elle se glisser
dans la voie cahoteuse, ou bien l'itinérant dans la vie
éternelle ? Le Docteur séraphique s'appuie sur l'Incarnation
du « Christ maître »[1], qui a tracé cet itinéraire impossible,
mais également sur l'expérience de François d'Assise, qui
a confirmé la possibilité pour tout homme d'imiter le Christ
et de le suivre jusque dans la pauvreté *altissima*. En effet,
c'est bien vivant que le *Poverello* est « passé » en Dieu,
montrant par-là que la seule mort réellement requise en
cette affaire était celle de sa volonté propre[2], au profit de
la vie du Christ en soi-même. Aussi Bonaventure prend-il
pour modèle et repère la stigmatisation de François d'Assise
sur le mont Alverne, événement qui fournit à l'ouvrage sa
structure, sa tonalité et son plan.

L'*Itinéraire de l'esprit jusqu'en Dieu* est donc un ouvrage
éminemment mystique. Mais comme il a été conçu et
rédigé par l'un des intellectuels les plus brillants du
XIIIᵉ siècle, cette orientation résolument mystique, loin
d'étouffer la vie de l'intelligence, la requiert toute entière,
et l'intérêt de l'œuvre s'étend largement au-delà de son
but explicite. Pour constituer son itinéraire, Bonaventure
recourt en effet au meilleur de la science et de la *sapientia*

---

1. *Sermo IV* « Unus est magister vester Christus », dans *Sancti
Bonaventurae Opera omnia*, Grottaferrata, Edizioni Quaracchi, tome V,
p. 561-574. Ce sermon a été traduit par le P. Goulven Madec, sous le
titre *Le Christ Maître*, Paris, Vrin, 1990.

2. Voir Admonitions 2 et 3, dans *François d'Assise. Écrits, Vies,
témoignages. Édition du VIIIᵉ centenaire*, éd. par J. Dalarun, Paris, Cerf-
Éditions franciscaines, « Sources franciscaines », 2010, tome I,
p. 283-284.

christiana, de la physique de la lumière jusqu'à la méditation des « noms divins » que sont l'être et le bien, en passant par une analyse très précise de la sensation et du jugement, par la psychologie et par les trois parties de la philosophie, physique, logique, éthique – mais la métaphysique n'est pas en reste. En ce sens, l'*Itinéraire* est un livre étonnant et tout à fait paradoxal : relativement court, il possède l'envergure d'une somme ; mystique dans sa finalité, il n'est guère compréhensible que par des philosophes, ou des théologiens philosophes ; fruit de la méditation d'un « pauvre dans le désert », il se déploie dans la profusion des créatures et des savoirs ; structuré selon le modèle du séraphin crucifié, il a pour tonalité principale la joie et l'exultation. Enfin, il s'agit aujourd'hui de l'ouvrage le plus célèbre et le plus lu de saint Bonaventure, avec le *Breviloquium*, alors qu'il est l'un des plus difficiles à lire. Ce texte énigmatique mérite pourtant bien son nom d'itinéraire, avec la fonction introductive que cela implique. Encore faut-il, afin d'y cheminer à son aise, en connaître la légende.

RICHESSE D'UN PAUVRE DANS LE DÉSERT

Bonaventure de Bagnoregio a composé cet ouvrage dans les circonstances qu'il décrit lui-même dans son Prologue, au deuxième paragraphe : à l'automne de l'année 1259, le Frère mineur, alors ministre général de son Ordre et âgé d'environ quarante ans, se retire pour quelques semaines sur le Mont Alverne, à l'Est de Florence, sur le lieu même de la stigmatisation de François d'Assise en 1224. Aujourd'hui encore, on peut visiter la petite cellule où le Docteur séraphique aurait commencé la rédaction de son *Itinéraire*. Le ministre général se trouve alors dans une situation difficile : éloigné de la vie universitaire parisienne suite à son élection trois années plus tôt, il a pour tâche de conduire un ordre religieux qui compte déjà des milliers et des milliers de membres à travers l'Europe, et que menacent alors querelles et divisions. Le Docteur séraphique vient donc chercher un peu de « paix » sur le Mont Alverne, qui est un lieu absolument désert, aussi splendide qu'inhospitalier.

Au premier abord, l'atmosphère de l'ouvrage est assez conforme au lieu qui l'a vu naître. Les mots de Bonaventure se font moins nombreux au fil des chapitres ; les supports donnés à l'imagination ne suffisent pas à chasser une impression d'aridité générale ; la parfaite maîtrise du plan, l'omniprésence des structures ternaires peuvent susciter une certaine lassitude ; et l'œuvre s'achève, d'une façon toute dionysienne, dans le silence et le recueillement extatique du « passage » en Dieu : « Mourons donc et entrons dans les ténèbres. Imposons silence aux préoccupations, aux concupiscences et aux images. Avec le Christ crucifié, passons *de ce monde au Père* (Jn 13, 1) ». Il est clair que le sous-titre donné par Bonaventure à son ouvrage, n'est pas une coquetterie : *incipit speculatio pauperis in deserto* (« commencement de la spéculation du pauvre dans le désert »). L'itinéraire commence et s'achève dans le désert, dans le plus grand dénuement, celui de la condition humaine ; Bonaventure remarquait quelques années plus tôt, dans ses *Questions sur la perfection évangélique*, que l'homme naît nu et pauvre [1], humble condition pleinement assumée par le *Poverello*, étendu « nu sur la terre » au moment de sa mort [2].

---

1. *Quaestiones disputatae de perfectione evangelica*, q. 2, a. 1, resp. (éd. Quaracchi, V, 129).

2. Bonaventure, *Légende majeure*, 14, 4, dans *François d'Assise, op. cit.*, tome II, p. 2376.

Dans ce dépouillement radical que Bonaventure rappelle à son lecteur (soulignant au passage l'insuffisance de la seule lecture de son livre), le Docteur séraphique donne toutefois une boussole, celle du désir : « nul n'est en quelque sorte disposé aux contemplations divines qui conduisent aux extases de l'esprit, s'il n'est comme Daniel *homme de désirs* (Dn 9, 23) ». Et ce désir, s'il brûle dans le cœur du pèlerin, transforme le désert en jardin de délices. Le Docteur séraphique a en effet conçu son itinéraire pour « les amoureux de la divine sagesse [...] qui veulent s'adonner à magnifier, à admirer et même à goûter Dieu ». D'où ce contraste si bonaventurien entre la relative sécheresse de l'ouvrage et la profusion de merveilles, d'exclamations admiratives et d'ivresse amoureuse qu'on y découvre. On aurait pu s'attendre à ce que, du fait de la linéarité du livre, seule la fin de l'itinéraire réservât une telle joie à l'itinérant, mais le Docteur séraphique a fait de chacune des six étapes du chemin un itinéraire complet, permettant d'atteindre et de « goûter » Dieu à chaque halte. Ce n'est donc pas un itinéraire, mais au moins six, que nous a laissés Bonaventure, et davantage encore, puisque le Frère mineur a démultiplié à chaque étape les moyens et les occasions de contempler Dieu, non pas directement, certes, mais par et dans un miroir, contemplation spécifique qu'il appelle pour cette raison « spéculation », *speculatio*. Le pauvre qui médite dans le désert et qui parcourt en esprit toutes les contrées du monde sensible et de l'intelligence est comblé.

Des grandes passions de l'âme, la tristesse est donc tout à fait absente de cet ouvrage. Bonaventure nous a prévenus dans son prologue : c'est « à ceux qui ont reçu l'onction *de l'huile de la joie* (Ps 44, 8) [...] que je propose les spéculations qui suivent ». Chaque chapitre apporte d'ailleurs son lot de jubilation : « *Tu m'as réjoui, Seigneur, dans ta création, et au milieu des œuvres de tes mains, je bondirai de joie* » (chapitre 1, citation du Psaume 91), « en Dieu seul est la source véritable du plaisir, et […] nous sommes pris par la main et conduits à requérir ce dernier à partir de tous les plaisirs. » (chapitre 2), « la lumière de vérité brille sur la face de notre esprit, en qui resplendit l'image de la très bienheureuse Trinité » (chapitre 3), « lorsqu'elle voit, entend, sent, goûte, et embrasse son époux, elle peut chanter en tant qu'épouse le *Cantique des Cantiques* » (chapitre 4), « Si tu vois cela dans la pure simplicité de l'esprit, tu seras rempli, en quelque manière, de l'illumination de la lumière éternelle. Mais voici de quoi t'élever jusqu'à l'admiration. » (chapitre 5), « lorsque tu considères ces choses une à une, tu as de quoi contempler la vérité ; lorsque tu les rapportes les unes aux autres, tu as de quoi être suspendu en une très haute admiration. Et ainsi, pour que ton esprit monte à une admirable contemplation par l'admiration, il faut que tu considères ces choses en même temps » (chapitre 6). Jusque dans le silence extatique du septième et dernier chapitre, un cri de joie retentit : « Qu'avec David, nous exultions de joie et disions : *Ma chair et mon cœur défaillent, ô Dieu de mon cœur ; Dieu, ma part pour l'éternité* (Ps 72, 26). *Béni soit le Seigneur éternellement ! Que tout le peuple s'écrie : Qu'il en soit ainsi ! Qu'il en soit ainsi !* (Ps 105, 48). Amen. » La cause de tant de joie, pour le pauvre qui s'est retiré au désert, tient principalement à la découverte de la présence et de la proximité de Dieu. Cependant, une telle découverte ne présente pas le caractère de l'immédiateté : pour guider son lecteur jusqu'au « repos de la contemplation », Bonaventure doit déployer un arsenal de dispositifs mettant en jeu les capacités sensibles, imaginatives et intellectuelles de son lecteur.

La technique de la *SPECULATIO*

Un mot revient sans cesse dans l'Itinéraire de Bonaventure, celui de *speculum*, « miroir », avec ses composés : *speculare, speculatio*. Il s'agit certainement du concept le plus important pour comprendre à la fois le moyen et la visée précise de l'ouvrage. Le Docteur séraphique s'inspire ici de la Première épître de l'Apôtre Paul aux Corinthiens (13, 12) : « À présent, nous voyons comme par un miroir et en énigme (*per speculum et in enigmate*) ; mais alors, ce sera face à face ». Quel est ce miroir dans lequel on peut voir Dieu « en énigme » ? Selon Bonaventure, il s'agit des créatures, visibles et sensibles (chapitres 1 et 2), ou bien invisibles et spirituelles (chapitres 3, 4, 5, 6). Cela signifie-t-il que Bonaventure fait fi de la distinction entre la nature et la grâce ? Il les distingue, bien sûr, mais ne les sépare pas ; et la nature est à ses yeux la première des grâces [1]. Sans ce présupposé, aucune créature n'est susceptible de manifester la présence de Dieu. La validité de cette structure de renvoi et de réflexion des créatures vers le Créateur est confirmée par un autre verset paulinien : « les réalités visibles font connaître à l'intelligence les réalités invisibles de Dieu » (Rm 1, 20). Cependant, le thème du miroir possède sa

---

1. Voir *Breviloquium* V, 2, 3 (V, 253-254) et *II Sent.*, d. 27, dub. I (II, 669) : « Au sens le plus large, la grâce comprend les dons naturels et les dons gratuits ». Les dons naturels désignent tout ce que Dieu fait et donne (donc toutes les créatures, leurs propriétés, leurs qualités, etc.) ; ils sont eux aussi « gratuits », ce qui justifie qu'ils soient compris dans la grâce.

propre histoire[1]. Avant d'aborder la *speculatio*, il est donc nécessaire de rappeler ce qu'est un miroir (*speculum*) ; dans les *Conférences sur les six jours de la création*, Bonaventure explique ce qu'est un bon miroir :

> [...] sont requis une opacité naturelle ou artificielle : naturelle, comme dans un miroir d'acier, artificielle, comme dans le plomb apposé au verre ; deuxièmement un polissage, grâce auquel la forme ou l'image est reçue ; troisièmement un éclat, parce que le miroir ne renvoie rien dans la nuit[2].

Un bon miroir doit tout d'abord présenter une certaine « opacité », c'est-à-dire posséder sa consistance propre : il est lui-même *quelque chose* – cela nous indique déjà que les « miroirs » dans lesquels Bonaventure donne à contempler les propriétés du Créateur (créatures sensibles, facultés de l'âme, noms divins ...) ne sont pas réductibles à des images pâles et fantômatiques. Leur altérité est la condition première de leur utilisation spéculaire. Bonaventure évoque ensuite le critère plus évident du polissage : pour que le miroir renvoie une image aussi nette que possible et donne effectivement quelque chose à voir, il est nécessaire que sa surface soit propre, lustrée, de manière à réfléchir la lumière. Dans l'*Itinéraire*, le polissage concerne essentiellement la *mens*, qui doit être purifiée par la prière pour que ses yeux s'ouvrent et afin

---

1. Le miroir n'a pas seulement la propriété de renvoyer celui qui le considère vers une autre réalité, plus élevée, et non visible sans son intermédiaire, mais de donner à voir en lui-même la présence et l'action de cette réalité. Sur le thème du miroir et son importance dans les écrits de Claire d'Assise, voir L. Solignac, *La Voie de la ressemblance. Itinéraire dans la pensée de saint Bonaventure*, Paris, Hermann, « De visu », 2014, p. 432-434.

2. *Collationes in Hexaëmeron*, V, 25 (V, 358).

qu'elle-même devienne pour elle-même un miroir permettant de contempler Dieu (chapitres 3 et 4). Enfin, comme le miroir ne produit pas lui-même la lumière qu'il réfléchit, il doit être exposé, si peu que ce soit, à la présence d'une source de lumière, proche ou lointaine : si la présence de Dieu est chronologiquement découverte dans un second temps, c'est toutefois sa primauté logique et ontologique qui explique qu'il y ait une lumière à réfléchir et à manifester. L'art de la *speculatio* s'adosse donc à la doctrine de l'expressionnisme divin à partir du Verbe [1].

Voilà pour la constitution du miroir. Pour ce qui est de sa fonction, un rappel n'est pas inutile non plus : les miroirs ne sont pas faits pour donner à voir ce qui peut être vu directement ; ils sont utilisés pour donner à voir ce qui est présent, mais ne peut être vu sans leur intermédiaire (généralement, pour voir son propre visage ; ici, pour voir Dieu invisible) ; ils sont encore faits pour apporter de la lumière à une zone obscure et pour diriger le regard vers ce qui est ainsi reflété ou simplement pour en rappeler la présence, comme dans les *Ménines* de Vélasquez, où le couple royal, apparemment absent de la scène représentée, apparaît dans le petit miroir placé sur le mur qui fait face au peintre et au spectateur. On aurait donc tort de réduire la fonction du miroir à celle de simple renvoi vers autre chose ; pour sa part, Bonaventure n'oublie aucune des potentialités du miroir : vision du présent invisible, illumination de l'obscurité, révélation d'une lumière qui vient d'ailleurs.

---

1. Sur l'expressionnisme de Bonaventure, voir en particulier Hans Urs von Balthasar, *La Gloire et la Croix*, t. II, Paris, Aubier, 1968, « Styles » I, p. 246 *sq*.

UNE CONNAISSANCE MÉDIATE

Revenons au verset paulinien, où est évoquée une connaissance de Dieu « par un miroir et en énigme ». Saint Paul fait allusion au fait qu'il s'agit là du régime *présent* de la connaissance de Dieu, et il l'oppose à son régime à venir, celui de la vision face-à-face. Voir Dieu au moyen d'un miroir fait donc partie de la condition du *viator*, de celui qui chemine ici-bas, qu'il s'agisse d'Adam avant la chute ou de l'homme déchu et racheté[1]. Il convient donc, dans la quête de Dieu, de tirer profit des modestes possibilités de « vision » qu'offre cette condition. Cependant, contempler Dieu à l'aide de ses créatures ne s'improvise pas, et l'être-miroir des choses n'a lui-même rien d'évident ; il faut apprendre l'art de la *speculatio*.

Dans le *Breviloquium*, rédigé quelques années avant l'*Itinéraire*, le Docteur séraphique avait expliqué la signification et l'utilité de la spéculation, en la distinguant d'emblée de la *revelatio* :

> Les sens spirituels (*sensus spirituales*) désignent les perceptions mentales (*perceptiones mentales*) de la vérité à contempler. Cette contemplation exista chez les Prophètes par *révélation*, dans une triple vision, corporelle, imaginative et intellectuelle. Mais chez les autres justes, elle s'y trouve par *spéculation* : celle-ci commence avec les sens, parvient à l'imagination, et de l'imagination passe à la raison, et de la raison à l'intellect, de l'intellect à l'intelligence, et de l'intelligence à la sagesse, ou

---

1. Avec une différence toutefois : si Adam connaît Dieu par la créature « comme au moyen d'un *clair* miroir », il le connaît ensuite « en énigme […] à cause de l'*obscurcissement* de l'intellect et de la détérioration des choses » (*Commentaire des Sentences*, livre I, d. 3, p. I, a. un., q. 3, resp., éd. Quaracchi I, p. 74).

connaissance excessive (*sapientiam sive notitiam excessivam*), qui commence ici, en chemin, et trouve sa perfection dans la gloire éternelle[1].

Dans un développement consacré à « l'ouverture » des sens spirituels, qui permettent de percevoir et de contempler le Verbe comme « l'Époux très beau et tout désirable »[2], Bonaventure distingue les perceptions immédiates, données, parfois simultanément, dans le corps, dans l'imagination et dans l'intelligence – on parle alors de révélation – et les perceptions que l'on pourrait qualifier de médiates, parce qu'elles se font par l'intermédiaire d'un travail, à savoir l'élaboration d'un « miroir » qui permet de « voir » Dieu en l'absence de révélation. Alors que le prophète est le simple témoin d'une vision qu'il n'a en rien constituée et qui s'impose à lui, le « spéculateur », dans son vif désir de contempler Dieu, fabrique ou utilise ce que Bonaventure appelle des miroirs[3]. La *speculatio* est donc marquée par la lenteur propre à la discursivité : elle remonte patiemment le cours des puissances du corps et de l'âme (sens, imagination, raison, intellect, intelligence, sagesse[4]), elle

1. *Breviloquium* V, 6, § 7 (V, 260).
2. *Ibid.*, § 8.
3. Voilà pourquoi on ne saurait se satisfaire de traduire *speculatio* par contemplation ou méditation ; il s'agit bien de *voir* quelque chose (ce qui n'est pas nécessairement le cas dans une méditation) par l'intermédiaire d'un miroir (ce qui n'est pas le cas de la contemplation directe ou révélation).
4. On reconnaît ici un héritage cistercien : aux quatre facultés évoquées par Boèce est ajouté l'intellect. Voir par exemple le *compendium* attribué à Alcher de Clairvaux, *De spiritu et anima*, ainsi que la *Lettre sur l'âme*, d'Isaac de l'Étoile, PL 194, 1179 D-1180 A. À ce sujet, voir Ch. Trottmann, « Isaac de l'Étoile, lecteur du livre de la nature », dans *Lire le monde au Moyen Âge. Signe, symbole et corporéité*, Paris, RSPT-Vrin, 2011, p. 353-357.

redresse peu à peu ce qui était courbé pour orienter l'intégralité de l'être humain vers l'objet de sa contemplation. Cet extrait du *Breviloquium* nous donne déjà à voir le plan adopté par Bonaventure dans son itinéraire : la spéculation par les sens et par l'imagination correspond aux deux premiers chapitres ; la spéculation par la raison correspond aux troisième et quatrième chapitres ; la spéculation par l'intellect et par l'intelligence correspond à la contemplation des noms divins, à savoir l'être (cinquième chapitre) et le bien (sixième chapitre), tandis que l'aboutissement de la spéculation dans la connaissance extatique ou « excessive »[1] correspond au septième et dernier chapitre, où « l'éclat de la spéculation » fait place à l'expérience des ténèbres divines, dans lesquelles l'intelligence, devancée par l'affect, ne peut pas pénétrer.

Le chemin de la spéculation semble donc extrêmement long si on le compare au don de la révélation. Il y a néanmoins un point commun important entre ces deux manières de « contempler » Dieu : dans les deux cas est requise la totalité de celui qui contemple. Il ne faudrait donc pas se méprendre à cause du titre de l'ouvrage : il s'agit d'un itinéraire *de l'esprit* jusqu'en Dieu, non parce que le corps et les sens en seraient exclus ou absents, mais parce que la *speculatio* requiert une reprise spirituelle de chacune des puissances et de leurs objets habituels. C'est bien la *mens* qui préside aux opérations, qui sent, imagine, raisonne, intellige et goûte, dans l'exercice de toutes ses facultés ; c'est encore à la *mens* d'orienter l'intégralité de ces opérations vers la contemplation divine ; et c'est elle, enfin, qui s'élève, dans une ascension « non du corps mais

---

1. C'est Jean Scot Érigène qui, semble-t-il, a introduit cette traduction du grec *ekstasis* par le latin *excessus*, littéralement « excès », dans sa propre traduction de la *Théologie mystique* de Denys.

du cœur » (chapitre 1) – ce qui ne rend pas cette ascension plus facile. L'esprit est aidé en cela par la structure « reconductrice » du monde. À une bonne vingtaine de reprises, Bonaventure utilise le concept de *reductio* (reconduction) ou de *manuductio* (fait d'être conduit par la main) pour mettre en évidence la manière dont les créatures sensibles, et l'âme elle-même, « conduisent » ou « reconduisent » à Dieu celui qui a su voir en elles non seulement leur être, mais aussi leur signification [1]. Or qui est conduit par la main, si ce n'est l'enfant ou le convalescent, quelqu'un, en tout cas, qui ne peut marcher ou se diriger seul ? L'Itinéraire n'est donc pas le vol plané d'un esprit surpuissant qui prétend dépasser sa condition, mais la marche lente et peu assurée d'un être humain vers l'accomplissement de son désir.

LES SIX ÉTAPES DE LA SPÉCULATION

Manifestement, Bonaventure a cherché le dispositif qui permettrait à la *speculatio* d'acquérir sa pleine stature reconductrice et de devenir ainsi accessible et utile au lecteur. Il déclare en avoir trouvé le modèle dans le séraphin crucifié apparu à François :

> [...] pendant que j'étais là, et que j'occupais mon esprit à quelques ascensions spirituelles jusqu'en Dieu, se présenta, entre autres choses, ce miracle qui arriva en ce lieu au bienheureux François, à savoir la vision du Séraphin ailé, figure du Crucifié. En considérant cela, il m'est immédiatement apparu que cette vision montrait l'élévation du père lui-même dans la contemplation et

---

1. Sur le concept de *reductio* chez Bonaventure, voir E. Cuttini, *Ritorno a Dio. Filosofia, teologia, etica della « mens » nel pensiero di san Bonaventura da Bagnoregio*, Soveria, Manelli, 2002.

> le chemin par lequel on y parvient. En effet par ces six ailes on peut droitement concevoir les six élévations des illuminations par lesquelles l'âme est disposée, comme par six degrés ou itinéraires à passer à la paix par les excès extatiques de la sagesse chrétienne. [...] L'image des six ailes séraphiques désigne donc les six degrés d'illumination, qui commencent à partir des créatures et conduisent jusqu'à Dieu, en qui personne n'entre droitement si ce n'est par le Crucifié.

Bonaventure aurait pu se contenter de la tripartition augustinienne (reprise à Plotin) menant de l'extérieur vers le supérieur en passant par l'intériorité. Ce cheminement n'est d'ailleurs pas caduc : il correspond exactement à la tripartition de la théologie, symbolique, intellectuelle et mystique, évoquée dans le premier chapitre, ainsi qu'à l'ordre des chapitres, puisqu'à la théologie symbolique correspondent les deux premiers chapitres, à la théologie comme science correspondent les quatre chapitres suivants, et à la théologie mystique le dernier. Mais les six ailes du séraphin invitaient à un parcours à la fois plus long et plus gratifiant, plus franciscain aussi :

> Or chacun des modes susdits se dédouble, selon que l'on considère Dieu comme *alpha* ou *oméga* (Ap 1, 8), ou pour autant que l'on voie Dieu dans chacun des modes susdits : comme par un miroir ou comme dans un miroir, ou encore parce que l'une de ces considérations doit être mélangée à l'autre qui lui est conjointe ou doit être considérée dans sa pureté. De là vient qu'il est nécessaire que ces trois degrés principaux atteignent le nombre de six, afin que, de même que Dieu a achevé l'ensemble du monde en six jours et s'est reposé le septième jour, de même le monde plus petit soit reconduit de manière très ordonnée jusqu'au repos de la contemplation par six

degrés d'illuminations se succédant. – En figure de cela, c'est par six degrés que l'on montait au trône de Salomon (1 R 10, 19) ; les séraphins que vit Isaïe avaient six ailes (Is 6, 2) ; après six jours, le Seigneur *appela Moïse du milieu de la nuée* (Ex 24, 16) et c'est après six jours, comme il est dit en Matthieu, que le Christ *conduisit les disciples sur la montagne et fut transfiguré devant eux* (Mt 17, 1).

Les paragraphes 2 à 4 du premier chapitre présentaient la « triple voie » de l'esprit jusqu'à Dieu. Mais arrivé au cinquième paragraphe, Bonaventure dédouble l'itinéraire ainsi tracé, parfaitement balisé par la tradition, pour s'aventurer hors piste. Il distingue en effet la connaissance de Dieu par (*per*) ses créatures et la connaissance de Dieu dans (*in*) ses créatures, et cette distinction affecte chacun des trois niveaux de spéculation. Nous passons ainsi de trois à six étapes. Les chapitres 1, 3 et 5 proposent des miroirs (monde sensible, puissances naturelles de l'âme, nom « être ») qui renvoient à Dieu, ainsi contemplé en quelque sorte à l'extérieur de ces miroirs, alors que les chapitres 2, 4 et 6 donnent à voir Dieu dans ces miroirs (entrée du monde sensible dans l'âme, greffe des vertus théologales sur les puissances de l'âme, nom « bien »). Dans le premier cas, les créatures sont comme autant d'échelons pour s'élever vers Dieu, alors que dans le second cas, c'est en faisant pénétrer plus profondément son regard dans l'intimité de la créature que l'on trouve Dieu, présent non plus au-delà de la créature, mais à l'œuvre en elle. Bonaventure met ici en application une distinction qu'il avait seulement mentionnée dans son *Commentaire des Sentences* :

> Il faut noter qu'une chose est de connaître Dieu dans la créature, autre chose est de le connaître par la créature.

Connaître Dieu dans la créature c'est connaître sa présence
et son influence dans la créature. Cela n'appartient qu'en
partie à ceux qui cheminent sur la terre, mais parfaitement
à ceux qui le saisissent dans les cieux. Aussi, à la fin du
livre sur *La Cité de Dieu*, Augustin dit que Dieu sera alors
expressément vu, quand Dieu sera tout en tous. Mais
connaître Dieu par la créature, c'est être élevé de la
connaissance de la créature à la connaissance de Dieu
comme par l'intermédiaire d'une échelle. Cette
connaissance appartient en propre à ceux qui cheminent
sur la terre, ainsi que le dit Bernard à Eugène [1].

Si connaître Dieu dans la créature n'appartient « qu'en
partie » à ceux qui cheminent ici-bas, on comprend
pourquoi, comme le précise Bonaventure, la montée précède
toujours la descente. Ce n'est pas le moindre des paradoxes
de l'*Itinerarium* d'affirmer ainsi que s'élever à partir des
créatures jusqu'à Dieu, non seulement ne suffit pas, mais
est en outre plus facile que de le contempler juste devant
soi, dans les créatures les plus familières. Il y a ici comme
un chassé-croisé entre bienheureux et pèlerins : ceux qui
cheminent encore ont les yeux fixés vers Dieu, vers lequel
ils s'élèvent par l'échelle des créatures, alors que les
bienheureux, qui voient Dieu face à face, le connaissent
« parfaitement » dans les créatures. Il y a pourtant une
possibilité, pour les pèlerins, de goûter par avance la
présence et l'influence de Dieu dans ses créatures : ce sont
les chapitres 2, 4 et 6 qui servent de support à une telle
expérience. On retrouve là quelques-unes des thèses les
plus caractéristiques de la pensée bonaventurienne : la
doctrine de la double illumination (sensible et intelligible),

1. *I Sent.*, d. 3, a. 1, q. 3 (I, 74). Bonaventure cite le *De consideratione*
de Bernard de Clairvaux, livre V, 1. Voir également *III Sent.*, d. 31, a. 2,
q. 1 (III, 682).

celle des sens spirituels, ainsi que la « déduction » de la vie trinitaire à partir du *bonum*, dans la droite ligne de la *Summa halensis*.

Mais ne sous-estimons pas pour autant la voie commune, *per creaturas*, où se trouvent insérés la plupart des recours à la philosophie. Il n'est pas si facile de voir Dieu par les créatures :

> Pour l'homme, cette connaissance [par la créature] relève d'une façon différente de l'état originel de la nature et du statut de la nature déchue. En effet, dans son premier statut, l'homme connaissait Dieu par la créature, comme au moyen d'un clair miroir. Mais après la chute, il le connaît « comme en énigme, au moyen d'un miroir », ainsi que le dit l'Apôtre au chapitre XIII de la Première lettre aux Corinthiens, à cause de l'obscurcissement de l'intellect et de la détérioration des choses[1].

Le miroir s'est obscurci, à la mesure de notre intellect. Bonaventure fait allusion à plusieurs reprises à l'aveuglement qui en résulte. Comment voir quelque chose, si les yeux de la contemplation, comme le remarquait déjà Hugues de Saint-Victor, sont fermés ? Nous avons vu que Bonaventure recommande avant tout la pratique de la prière, qui éveille le désir de voir et rend réceptif à « l'éclat de la spéculation ». Afin que cet éclat soit assez puissant pour ouvrir nos yeux et attirer nos regards, il faut toutefois que la révélation de Dieu dans les créatures soit en quelque sorte mise en scène : l'art spéculatif du métaphysicien consistera donc à produire les « spectacles de la vérité » (I, 8). Pour cela, ce dernier s'appuiera sur les liens d'expression qui unissent le Verbe et les créatures : un miroir ne se fabrique pas au hasard et n'importe comment. Comme

1. *Ibid.*

toute fabrication, celle-ci obéit à des règles, la première étant que, de même que le Verbe exprime la Trinité toute entière [1], la créature-miroir exprimera à son tour la vie trinitaire et la rendra visible à son humble manière, qu'il s'agisse d'une fleur ou de la mémoire humaine, du nom « être » ou de la « ressemblance » de l'objet sensible. Le métaphysicien aura donc à cœur de montrer en chaque chose « l'unité, la vérité, la bonté », ou encore « l'origine, le milieu et la fin », en espérant que l'apprenti contemplatif, captivé par le spectacle des créatures présentées à ses yeux, tournera son regard vers leur Signifié.

L'ITINÉRAIRE DE CRUCIFIXION

Dans cet itinéraire, il est beaucoup question de « montée », d'ascension, d'élévation, tant et si bien qu'un doute peut étreindre le lecteur : ne peut-on pas dire que cet ouvrage est moins le fruit d'une pensée de l'Incarnation, que de la doctrine néo-platonicienne de la « remontée » vers l'Un ? Autrement dit, en quoi la finitude humaine est-elle prise en compte et respectée si, au prix de quelques exercices, il est possible de contempler la même chose que les bienheureux – non pas Dieu face à face, certes, mais sa présence et son influence dans ses créatures ?

Quelques réponses se présentent d'elles-mêmes. Premièrement, pour Bonaventure, il ne s'agit justement pas d'une re-montée mais d'une montée de l'homme là où il n'est jamais allé – jusqu'en Dieu ; Adam lui-même n'y a pas été placé et n'y est pas parvenu. C'est pourquoi, d'après le premier chapitre, c'est le Christ seul qui doit être pris pour guide et chemin : lui seul, du fait de sa double

---

1. *Collationes in Hexaëmeron*, III, 7 (V, 344). Voir *Les Six jours de la création*, trad. fr. M. Ozilou, Paris, Desclée-Cerf, p. 153.

nature, peut conduire l'homme en Dieu ; il est donc également au terme des six illuminations : le sixième chapitre (qui correspond au sixième jour et donc à la création de l'homme) s'achève en effet sur une contemplation de Jésus, vrai Dieu et vrai homme. Deuxièmement, Bonaventure signale bien qu'il nous est rigoureusement impossible de monter, nous n'en avons ni la force, ni les capacités, ni même le désir, puisqu'il faut en tout premier lieu s'efforcer d'éveiller ce désir d'élévation jusqu'en Dieu ; c'est donc Dieu lui-même qui fait monter celui qui le lui demande, comme l'explique le Frère mineur dans les premières lignes du premier chapitre :

> *Heureux l'homme dont le secours vient de toi. En son cœur il a disposé des montées dans cette vallée de larmes, dans le lieu qu'il a fixé* (Ps 83, 6). Puisque la béatitude n'est rien d'autre que la fruition du bien suprême et que le bien suprême est au-dessus de nous, personne ne peut être rendu bienheureux sans monter au-dessus de lui-même, par une ascension non pas du corps mais du cœur. Mais nous ne pouvons être élevés au dessus de nous-mêmes *que par une force supérieure qui nous élève.* En effet, aussi nombreux que soient les degrés intérieurs qui ont été placés, *rien ne se passe sans l'accompagnement du secours divin.*

Et un peu plus loin, nous pouvons lire que « la prière est la mère et l'origine de l'élévation ». Or dans l'Itinéraire, on ne prie pas pour échapper à sa condition d'homme, mais au contraire pour en prendre, enfin, son parti et en découvrir les possibilités cachées : « Dans cette prière, en priant, nous sommes illuminés pour connaître les degrés de l'ascension divine. En effet, *conformément à notre état et à notre condition*, l'ensemble même des choses est une échelle pour monter jusqu'en Dieu. »

D'ailleurs, le sens de cette montée bonaventurienne se vérifie pleinement dans la descente qui lui succède. Comme il a été dit précédemment, le but n'est pas de planer loin au-dessus de ce monde, mais de l'habiter autrement, en citoyen de la Jérusalem céleste. Les bienheureux eux-mêmes ne contemplent-ils pas les créatures pour y contempler Dieu ? Il n'est pas difficile de deviner sur quel exemple s'appuie Bonaventure pour affirmer avec autant d'aplomb que cela est également possible pour ceux qui cheminent encore : François d'Assise, passé par la Croix (montée), a effectué le trajet inverse, celui de la descente, qui lui donnait de voir Dieu en toutes choses : « Qui pourrait raconter en détail la douceur dont il faisait preuve en contemplant dans les créatures la sagesse du Créateur, sa puissance et sa bonté ? Très souvent en vérité, cette contemplation le remplissait d'une joie étonnante et ineffable [...] »[1].

Enfin, la notion même d'élévation n'est pas univoque. Si s'élever par degré jusqu'en Dieu revient à « passer de ce monde au Père » (VII, 6), cela ne signifie-t-il pas que l'élévation est également une crucifixion ? Être élevé, dans le vocabulaire johannique de Bonaventure, c'est être crucifié. En effet, l'expressionnisme du Docteur séraphique ne repose pas seulement sur le Verbe incréé ; le Verbe incarné et crucifié est évoqué à de nombreuses reprises dans l'*Itinéraire*. Au quatrième chapitre, par exemple, le recouvrement des sens spirituels fournit l'occasion de rencontrer « l'Époux », la fin du sixième chapitre invite à une contemplation de Jésus-Christ, vrai homme et vrai Dieu. Toutefois, c'est au commencement et au terme de

---

1. Thomas de Celano, *Vita prima*, 1 C, § 80, dans *François d'Assise*, *op. cit.*, tome I, p. 564.

l'Itinéraire que le thème de la crucifixion est le plus présent ; rappelons que le plan de l'ouvrage provient d'une méditation de Bonaventure sur les six ailes du Séraphin (ange qui représente l'amour) *crucifié*. La vision de François annonce qu'il ne pourrait être question, dans cet itinéraire, de s'élever autrement que par le passage sur la Croix, comme le rappelle opportunément le début du septième chapitre, où l'on découvre qu'entre les deux chérubins tournés vers le propitiatoire « s'élève » Jésus crucifié : l'angélisme humain, avec ses velléités de quitter la terre ferme pour ne pas renoncer à soi, est cloué sur place, et le désir réorienté vers la voie tracée par le Christ. Le passage par la mort prend ici la forme du dépouillement et du détachement : l'itinérant renonce successivement à s'approprier les créatures sensibles, à se complaire en soi-même et dans ses facultés, et même à s'attacher aux plus hautes connaissances que peut fournir l'intellect, de manière à entrer absolument nu dans le septième chapitre : « avec le Christ il repose dans le tombeau, comme mort à l'extérieur, bien qu'il éprouve, autant qu'il est possible dans la condition pérégrine, la parole qui a été dite en croix au brigand qui s'attachait au Christ : *aujourd'hui, tu seras avec moi dans le paradis* (Lc 23, 43). » Pour Bonaventure, le seul itinéraire qui permette de parvenir au but est de s'attacher au Christ, et d'y réapprendre toute créature, toute science et toute sagesse.

Laure SOLIGNAC

Note sur la traduction

Cette nouvelle traduction de l'*Itinerarium mentis in Deum* est le fruit du travail d'André Ménard, frère mineur capucin. Elle prend appui sur l'édition critique de référence pour les œuvres du Docteur séraphique : Doctoris Seraphici S. Bonaventurae, *Opera omnia*, Éd. Studio et cura PP. Collegii a S. Bonaventura, Ad Claras Aquas (Quaracchi) prope Florentiam, Collegium S. Bonaventurae, 1901, tome V, *Opuscula varia theologica : Itinerarium mentis in Deum*, p. 293-313.

Cette traduction a été relue par François Delmas-Goyon et par Laure Solignac [1].

Le lecteur trouvera en fin de volume un glossaire qui lui permettra de mieux saisir la signification de certaines notions. Les mots accompagnés d'un astérisque, en leur première occurrence, renvoient à ce glossaire.

1. Que soient ici remerciés le frère Pascal Aude (ofm.cap.) et Charlotte Solignac pour leur enthousiasme et leurs précieux encouragements au commencement de ce travail.

Bonaventure

ITINÉRAIRE DE L'ESPRIT JUSQU'EN DIEU

1. *In principio* primum principium, a quo cunctae illuminationes descendunt tanquam a *Patre luminum*, a quo est *omne datum optimum et omne donum perfectum*, Patrem scilicet aeternum, inuoco per filium eius, dominum nostrum Iesum Christum, ut intercessione sanctissimae Virginis Mariae, genitricis eiusdem Dei et domini nostri Iesu Christi, et beati Francisci, ducis et patris nostri, *det illuminatos oculos* mentis *ad dirigendos pedes nostros in uiam pacis* illius, *quae exsuperat omnem sensum*; quam pacem euangelizauit et dedit dominus noster Iesus Christus; cuius praedicationis repetitor fuit pater noster Franciscus, in omni sua praedicatione pacem in principio et in fine annuntians, in omni salutatione pacem optans, in omni contemplatione ad ecstaticam pacem suspirans, tanquam ciuis illius Ierusalem, de qua dicit uir ille pacis, qui *cum his qui oderunt pacem erat pacificus* : *Rogate quae ad pacem sunt Ierusalem*. Sciebat enim, quod thronus Salomonis non erat nisi in pace, cum scriptum sit : *In pace factus est locus eius, et habitatio eius in Sion*.

PROLOGUE

1. *Au commencement* (Gn 1, 1 ; Jn 1, 1) c'est le premier principe – de qui descendent toutes les illuminations* comme du *Père des lumières*, de qui viennent *toute donation excellente et tout don parfait* (Jc 1, 17) à savoir le Père éternel – que j'invoque, par son Fils notre Seigneur Jésus Christ, pour que, par l'intercession de la Très sainte Vierge Marie, qui a enfanté notre Dieu et Seigneur Jésus Christ, et par celle du bienheureux François, notre guide et père, *il fasse le don de la lumière aux yeux* (Ep 1, 17-18) de l'esprit *pour diriger nos pas sur la voie de cette paix* (Lc 1, 79) *qui surpasse tout sens* (P 4, 7) ; cette paix que notre Seigneur Jésus Christ a annoncée et donnée ; prédication que notre père François a reprise : en toute sa prédication, il annonçait cette paix au début et à la fin ; en toute salutation, il souhaitait la paix ; en toute contemplation*, il soupirait après la paix extatique, en citoyen de cette Jérusalem dont parle cet homme de paix, qui *était pacifique avec ceux qui haïssaient la paix* (Ps 119, 7) : *Demandez ce qui importe à la paix de Jérusalem* (Ps 121, 6). Il savait en effet, que le trône de Salomon n'était pas ailleurs que dans la paix, puisqu'il est écrit : *Dans la paix il a établi son lieu, et son habitation est en Sion* (Ps 75, 3).

2. Cum igitur exemplo beatissimi patris Francisci hanc pacem anhelo spiritu quaererem, ego peccator, qui loco ipsius patris beatissimi post eius transitum septimus in generali fratrum ministerio per omnia indignus succedo; contingit, ut nutu diuino circa Beati ipsius transitum, anno trigesimo tertio ad montem Aluernae tanquam ad locum quietum amore quaerendi pacem spiritus declinarem, ibique existens, dum mente tractarem aliquas mentales ascensiones in Deum, inter alia occurrit illud miraculum, quod in praedicto loco contigit ipsi beato Francisco, de uisione scilicet Seraph alati ad instar Crucifixi. In cuius considerationes statim uisum est mihi, quod uisio illa praetenderet ipsius patris suspensionem in contemplando et uiam, per quam peruenitur ad eam.

3. Nam per senas alas illas recte intelligi possunt sex illuminationum suspensiones, quibus anima quasi quibusdam gradibus uel itineribus disponitur, ut transeat ad pacem per ecstacticos excessus sapientiae christianae. Uia autem non est nisi per ardentissimum amorem Crucifixi, qui adeo Paulum *ad tertium caelum raptum* transformauit in Christum ut diceret : *Christo confixus sum cruci, uiuo autem, jam non ego; uiuit uero in me Christus*;

2. Alors qu'à l'exemple du bienheureux père François, l'esprit* haletant, je cherchais cette paix, moi, pécheur, qui suis le septième, totalement indigne, à succéder au bienheureux père, depuis son passage*, dans le ministère général des Frères [1], il advint par inspiration divine qu'environ trente-trois ans après le passage de ce bienheureux, je me retirai au mont Alverne [2] comme en un lieu de repos pour y chercher, par amour, la paix de l'esprit (*spiritus*). Et pendant que j'étais là, et que j'occupais mon esprit à quelques ascensions spirituelles (*mentales*) jusqu'en Dieu, se présenta, entre autres choses, ce miracle qui arriva en ce lieu au bienheureux François, à savoir la vision du Séraphin ailé, figure du Crucifié [3]. En considérant cela, il m'est immédiatement apparu que cette vision montrait l'élévation* du père lui-même dans la contemplation et le chemin par lequel on y parvient.

3. En effet par ces six ailes on peut droitement concevoir les six élévations des illuminations par lesquelles l'âme est disposée, comme par six degrés ou itinéraires à passer à la paix par les excès* extatiques de la sagesse chrétienne. Or il n'y a de chemin que par un amour très ardent du Crucifié qui a transformé Paul *ravi au troisième ciel* (2 Co 12, 2) en Christ, au point qu'il disait : *Je suis fixé à la croix avec le Christ, je vis donc, mais ce n'est déjà plus moi ; en vérité c'est le Christ qui vit en moi* (Ga 2, 19-20) ;

1. Bonaventure a été élu ministre général le 2 février 1257 au chapitre de l'Ara Caeli à Rome, suite à la démission de Jean de Parme.
2. Le Mont Alverne (« la Verna ») se situe dans le Casentino, province d'Arezzo, à l'Est de Florence.
3. François d'Assise a été stigmatisé autour du 17 septembre 1224, fête de la Sainte Croix. Voir le récit très détaillé de Thomas de Celano, 1C 94-95 (*François d'Assise*, tome I, p. 584 *sq.*), ainsi que celui de Bonaventure, *Légende majeure*, XIII, 1-5 (*François d'Assise*, tome II, p. 2362 *sq.*).

qui etiam adeo mentem Francisci absorbuit, quod mens in carne patuit, dum sacratissima passionis stigmata in corpore suo ante mortem per biennum deportauit. Effigies igitur sex alarum seraphicarum insinuat sex illuminationes scalares, quae a creaturis incipiunt et perducunt usque ad Deum, ad quem nemo intrat recte nisi per Crucifixum. Nam *qui non intrat per ostium, sed ascendit aliunde, ille fur est et latro. Si quis* uero per hoc *ostium introierit, ingreditur et egredietur et pascua inueniet.* Propter quod dicit Ioannes in Apocalypsi : *Beati qui lauant uestimenta sua in sanguine Agni, ut sit potestas eorum in ligno uitae, et per portas ingrediantur ciuitatem* ; quasi dicat, quod per contemplationem ingredi non potest Ierusalem supernam, nisi per sanguinem Agni intret tanquam per portam. Non enim dispositus est aliquo modo ad contemplationes diuinas, quae ad mentales ducunt excessus, nisi cum Daniele sit *uir desideriorum.* Desideria autem in nobis inflammantur dupliciter, scilicet per clamorem orationis, quae *rugire facit a gemitu cordis*, et per fulgorem speculationis, qua mens ad radios lucis directissime et intensissime se conuertit.

4. Igitur ad gemitum orationis per Christum crucifixum, per cujus sanguinem purgamur a sordibus uitiorum, primum quidem lectorem inuito, ne forte credat, quod sibi sufficiat lectio sine unctione, speculatio sine deuotione, inuestigatio sine admiratione, circumspectio sine exsultatione, industria sine pietate, scientia sine caritate, intelligentia sine humilitate, studium absque diuina gratia,

cet amour a aussi absorbé l'esprit de François au point que [son] esprit se manifesta en sa chair, pendant les deux années où, avant sa mort, il a porté en son corps les stigmates très sacrés de la Passion. L'image des six ailes séraphiques désigne donc les six degrés d'illumination, qui partent des créatures et conduisent jusqu'à Dieu, en qui personne n'entre droitement si ce n'est par le Crucifié. En effet, *celui qui n'entre pas par la porte, mais qui grimpe par ailleurs, celui-là est un voleur et un brigand* (Jn 10, 1). *Mais si quelqu'un* [passe] par cette porte *il entrera et sortira et il trouvera des pâturages* (Jn 10, 9). Voilà pourquoi Jean dit dans l'*Apocalypse* : *Bienheureux ceux qui lavent leurs vêtements dans le sang de l'Agneau, si bien que leur puissance est dans l'arbre de vie, et ils entreront dans la cité en passant par les portes* (Ap 22, 14). Autrement dit, on ne peut entrer dans la Jérusalem d'en haut par la contemplation à moins d'entrer par le sang de l'Agneau comme par la porte. En effet nul n'est disposé, de quelque façon, aux contemplations divines qui conduisent aux extases* de l'esprit, s'il n'est comme Daniel *homme de désirs* (Dn 9, 23). Or les désirs* sont enflammés en nous de deux façons, à savoir par la clameur de la prière* qui fait rugir *le cœur qui gémit* (Ps 37, 9), et par l'éclat de la spéculation* par laquelle l'esprit se retourne très directement et très intensément vers les rayons de la lumière.

4. C'est donc au gémissement de la prière par le Christ crucifié, grâce au sang duquel nous sommes purifiés des souillures des vices, que j'invite tout d'abord le lecteur, de peur qu'il ne croie que lui suffisent la lecture sans l'onction*, la spéculation sans la dévotion, l'investigation sans l'admiration, l'examen attentif sans l'exultation, l'industrie sans la piété, la science sans la charité, l'intelligence sans l'humilité, l'étude sans la grâce divine,

speculum absque sapientia diuinitus inspirata. – Praeuentis igitur diuina gratia, humilibus et piis, compunctis et deuotis, unctis *oleo laetitiae* et amatoribus diuinae sapientiae et eius desiderio inflammatis, uacare uolentibus ad Deum magnificandum, admirandum et etiam degustandum, speculationes subjectas propono, insinuans, quod parum aut nihil est speculum exterius propositum, nisi speculum mentis nostrae tersum fuerit et politum. Exerce igitur te, homo Dei, prius ad stimulum conscientiae remordentem, antequam oculos eleues ad radios sapientiae in eius speculis relucentes, neforte ex ipsa radiorum speculatione in grauiorem incidas foueam tenebrarum.

5. Placuit autem distinguere tractatum in septem capitula, praemittendo titulos ad faciliorem intelligentiam dicendorum. Rogo igitur, quod magis pensetur intentio scribentis quam opus, magis dictorum sensus quam sermo incultus, magis ueritas quam uenustas, magis exercitatio affectus quam eruditio intellectus. Quod ut fiat, non est harum speculationum progressus perfunctorie transcurrendus, sed morosissime ruminandus.

EXPLICIT PROLOGUS

le miroir* sans la sagesse divinement inspirée. C'est donc à ceux qui sont prévenus par la grâce divine, aux humbles et aux pieux, aux contrits et aux dévots, à ceux qui ont reçu l'onction *de l'huile de la joie* (Ps 44, 8) et aux amoureux de la divine sagesse, enflammés de son désir, qui veulent s'adonner à magnifier, à admirer et même à goûter Dieu, que je propose les spéculations qui suivent, en précisant que le miroir proposé à l'extérieur est peu de chose ou rien, si le miroir de notre esprit n'a pas été nettoyé et poli. Homme de Dieu, exerce-toi donc d'abord à l'aiguillon du remords de ta conscience [1], avant de lever les yeux vers les rayons de la sagesse qui brillent dans ses miroirs, de peur qu'à partir de cette spéculation des rayons, tu ne tombes dans la fosse plus profonde des ténèbres.

5. Il m'a paru bon de diviser le traité en sept chapitres, et de leur donner un titre qui facilite l'intelligence de ce qui va être dit. Je prie donc que l'on pense à l'intention de celui qui écrit plus qu'à l'œuvre, au sens de ce qui est dit plus qu'au style rudimentaire, à la vérité plus qu'à l'élégance, à l'exercice de la sensibilité plus qu'à l'érudition de l'intellect. Pour qu'il en soit ainsi, il ne faut pas parcourir à la hâte ces spéculations progressives, mais les ruminer longuement.

FIN DU PROLOGUE

---

1. Voir *De triplici via*, 2 (VIII, 3).

INCIPIT SPECULATIO PAUPERIS IN DESERTO

COMMENCEMENT DE LA SPÉCULATION
DU PAUVRE DANS LE DÉSERT

CAPITULUM I

DE GRADIBUS ASCENSIONIS IN DEUM
ET DE SPECULATIONE IPSIUS
PER VESTIGIA EIUS IN UNIVERSO

1. *Beatus uir, cuius est auxilium abs te, ascensiones* **296b** *in corde suo disposuit in ualle lacrymarum,* | *in loco, quem posuit.* Cum beatitudo nihil aliud sit, quam summi boni fruitio; et summum bonum sit supra nos : nullus potest effici beatus, nisi supra semetipsum ascendat, non ascensu corporali, sed cordiali. Sed supra nos leuari non possumus nisi per uirtutem superiorem nos eleuantem. Quantumcumque enim gradus interiores disponantur, nihil **297a** fit, nisi | diuinum auxilium comitetur. Diuinum autem auxilium comitatur eos qui petunt ex corde humiliter et deuote; et hoc est ad ipsum suspirare in hac lacrymarum ualle, quod fit per feruentem orationem. Oratio igitur est mater et origo sursumactionis. Ideo Dionysius in libro de Mystica Theologia, uolens nos instruere ad excessus mentales, primo praemittit orationem. Oremus igitur et dicamus ad Dominum Deum nostrum :

CHAPITRE PREMIER

DES DEGRÉS DE L'ASCENSION JUSQU'EN DIEU ET DE LA SPÉCULATION DE CELUI-CI PAR SES VESTIGES DANS L'UNIVERS

1. *Heureux l'homme dont le secours vient de toi. En son cœur il a disposé des montées dans cette vallée de larmes, dans le lieu qu'il a fixé* (Ps 83, 6). Puisque la béatitude n'est rien d'autre que la fruition* du bien suprême et que le bien suprême est au-dessus de nous, personne ne peut être rendu bienheureux sans monter au-dessus de lui-même, par une ascension non pas du corps mais du cœur. Mais nous ne pouvons être élevés au dessus de nous-mêmes que par une force supérieure qui nous élève. En effet, aussi nombreux que soient les degrés intérieurs qui ont été placés, rien ne se passe | sans l'accompagnement du secours divin. Or le secours divin accompagne ceux qui, du fond de leur cœur, demandent avec humilité et dévotion. Et cela, c'est soupirer après lui dans cette vallée de larmes, ce qui se fait par une fervente prière. La prière est donc la mère et l'origine de l'élévation*. Ainsi, lorsque Denys, dans le livre de la *Théologie mystique*, veut nous instruire en vue des extases de l'esprit, il place en premier la prière [1]. Prions donc et disons au Seigneur notre Dieu : *Conduis-moi, Seigneur,*

297a

---

1. Denys l'Aréopagite, *Théologie mystique* 1, 1 (997B).

Deduc me, Domine, in uia tua, et ingrediar in ueritate tua;
laetetur cor meum, ut timeat nomen tuum.

2. In hac oratione orando illuminamur ad cognoscendum
diuinae ascensionis gradus. Cum enim secundum statum
conditionis nostrae ipsa rerum uniuersitas sit scala ad

ascendendum in Deum; et in rebus quaedam sint
uestigium, quaedam imago, quaedam corporalia, quaedam
spiritualia, quaedam temporalia, quaedam aeuiterna, ac
per hoc quaedam extra nos, quaedam intra nos : ad hoc,
quod perueniamus ad primum principium considerandum,
quod est spiritualissimum et aeternum et supra nos, oportet
nos transpire per uestigium, quod est corporale et temporale
et extra nos, et hoc est deduci in uia Dci; oportct, nos
intrare ad mentem nostram, quae est imago Dei aeuiterna,
spiritualis et intra nos, et hoc est ingredi in ueritate Dei;
oportet, nos transcendere ad aeternum, spiritualissimum,
et supra nos, aspiciendo ad primum principium, et hoc est
laetari in Dei notitia et reuerentia maiestatis.

3. Haec est igitur uia trium dierum in solitudine; haec
est triplex illuminatio unius diei, et prima est sicut uespera,
secunda sicut mane, tertia sicut meridies; haec respicit
triplicem rerum existentiam, scilicet in materia, in
intelligentia et in arte aeterna, secundum quam dictum est :

dans ta voie, que j'entre en ta vérité. Que mon cœur se réjouisse, afin qu'il craigne ton nom (Ps 85, 11).

2. Dans cette prière, en priant, nous sommes illuminés pour connaître les degrés de l'ascension divine. En effet, conformément à notre état et à notre condition, l'ensemble même des choses est une échelle pour monter jusqu'en Dieu. Parmi ces choses, certaines sont donc des vestiges*, d'autres des images*, certaines sont corporelles, d'autres spirituelles, certaines sont temporelles, d'autres éviternelles*, et de ce fait, certaines sont à l'extérieur de nous, d'autres à l'intérieur de nous. Pour que nous parvenions à considérer le premier principe qui est très spirituel, éternel et au-dessus de nous, il faut que nous passions par le vestige qui est corporel, temporel et à l'extérieur de nous, et cela, c'est être conduit dans la voie de Dieu. Il faut que nous entrions en notre esprit, qui est une image de Dieu éviternelle, spirituelle et à l'intérieur de nous, et cela, c'est entrer dans la vérité de Dieu. Il faut que nous nous élevions au-delà de nous vers l'éternel, le très spirituel et l'au-dessus de nous, en regardant vers le premier principe, et cela, c'est se réjouir dans la connaissance de Dieu et la révérence de sa majesté.

3. Voici donc la voie de trois jours dans la solitude (Ex 3, 18). Voici la triple illumination d'un seul jour : la première comme le soir, la seconde comme le matin, la troisième comme le plein midi [1]. Voici l'accès à la triple existence des choses, à savoir dans la matière, dans l'intelligence et dans l'art éternel [2], selon qu'il fut dit :

---

1. Saint Augustin, *La Genèse au sens littéral*, IV, xxiv, 41 (BA 48, p. 341).
2. *Ibid.*

fiat, fecit, et factum est; haec etiam respicit triplicem substantiam in Christo, qui est scala nostra, scilicet corporalem, spiritualem et diuinam.

4. Secundum hunc triplicem progressum mens nostra 297b tres habet aspectus principales. Unus est ad | corporalia exteriora, secundum quem uocatur animalitas seu sensualitas; alius intra se et in se, secundum quem dicitur spiritus; tertius supra se, secundum quem dicitur mens. – Ex quibus omnibus disponere se debet ad conscendendum in Deum, ut ipsum diligat *ex tota mente, ex toto corde et ex tota anima*, in quo consistit perfecta legis obseruatio et simul cum hoc sapientia christiana.

5. Quoniam autem quilibet praedictorum modorum geminatur secundum quod contingit considerare Deum ut *alpha et omega*, seu in quantum contingit uidere Deum in unoquoque praedictorum modorum ut per speculum et ut in speculo, seu quia una istarum considerationum habet commisceri alteri sibi coniunctae et habet considerari in sua puritate : hinc est, quod necesse est, hos tres gradus principales ascendere ad senarium, ut, sicut Deus sex diebus perfecit uniuersum mundum et in septimo requieuit; sic minor mundus sex gradibus illuminationum sibi succedentium ad quietem contemplationis ordinatissime perducatur. – In cuius rei figura sex gradibus ascendebatur ad thronum Salomonis ; Seraphim, quae uidit Isaias, senas alas habebant; post sex dies *uocauit* Dominus *Moysen de medio caliginis*,

qu'il soit fait, il fit et il a été fait (Gn 1, 3). Voici même l'accès à la triple substance, à savoir corporelle, spirituelle et divine, dans le Christ qui est notre échelle.

4. En fonction de cette triple progression, notre esprit possède trois regards principaux. L'un est | dirigé vers les   **297b** réalités corporelles extérieures, selon quoi il est appelé animalité ou sensibilité ; l'autre, à l'intérieur de soi et en soi, selon quoi il est dit esprit (*spiritus*) ; le troisième, au-dessus de soi, selon quoi il est dit esprit (*mens*). À partir d'eux tous, il doit se disposer à monter jusqu'en Dieu, afin de l'aimer *de tout son esprit, de tout son cœur et de toute son âme* (Mc 12, 30 ; *cf.* Mt 22, 37 ; Lc 10, 27), en quoi consiste l'observation parfaite de la Loi et simultanément, avec cela, la sagesse chrétienne.

5. Or chacun des modes susdits se dédouble, selon que l'on considère Dieu comme *alpha* ou *oméga* (Ap 1, 8), ou pour autant que l'on voie Dieu dans chacun des modes susdits : comme par un miroir ou comme dans un miroir, ou encore parce que l'une de ces considérations doit être mélangée à celle qui lui est conjointe ou doit être considérée dans sa pureté. De là vient qu'il est nécessaire que ces trois degrés principaux atteignent le nombre de six, afin que, de même que Dieu a achevé l'ensemble du monde en six jours et s'est reposé le septième jour, de même le monde plus petit[1] soit reconduit de manière très ordonnée jusqu'au repos de la contemplation par six degrés d'illuminations se succédant. – En figure de cela, c'est par six degrés que l'on montait au trône de Salomon (1 R 10, 19) ; les séraphins que vit Isaïe avaient six ailes (Is 6, 2) ; après six jours, le Seigneur *appela Moïse du milieu de la nuée* (Ex 24 16)

---

1. C'est-à-dire l'homme.

et Christus *post sex dies*, ut dicitur in Matthaeo, *duxit discipulos in montem et transfiguratus est ante eos.*

6. Juxta igitur sex gradus ascensionis in Deum sex sunt gradus potentiarum animae, per quos ascendimus ab imis ad summa, ab exterioribus ad intima, a temporalibus conscendimus ad aeterna, scilicet sensus, imaginatio, ratio, intellectus, intelligentia et apex mentis, seu synderesis scintilla. Hos gradus in nobis habemus plantatos per naturam, deformatos per culpam, reformatos per gratiam; purgandos per iustitiam, exercendos per scientiam, perficiendos per sapientiam.

7. Secundum enim prima naturae institutionem creatus fuit homo habilis ad contemplationis quietem, et ideo *posuit eum Deus in paradiso deliciarum.* Sed auertens se a uero lumine ad | commutabile bonum, incuruatus est ipse per culpam propriam, et totum genus suum per originale peccatum, quod dupliciter infecit humanam naturam, scilicet ignorantia mentem et concupiscentia carnem; ita quod excaecatus homo et incuruatus in tenebris sedet et caeli lumen non uidet, nisi succurrat gratia cum iustitia contra concupiscentiam, et scientia cum sapientia contra ignorantiam. Quod totum fit per Iesum *Christum, qui factus est nobis a Deo sapientia et iustitia et sanctificatio et redemptio.*

298a

et c'est après six jours, comme il est dit en Matthieu, que le Christ *conduisit les disciples sur la montagne et fut transfiguré devant eux* (Mt 17, 1).

6. Conformément aux six degrés de l'ascension jusqu'en Dieu, il y a donc six degrés des puissances de l'âme par lesquels nous montons des réalités inférieures jusqu'aux réalités suprêmes, des réalités extérieures jusqu'aux réalités les plus intérieures, et nous nous élevons des réalités temporelles jusqu'aux réalités éternelles. Il s'agit des sens, de l'imagination, de la raison, de l'intellect, de l'intelligence et de la cime de l'esprit ou étincelle de la syndérèse*. Ces degrés, nous les avons en nous, plantés par la nature, déformés par la faute, reformés par la grâce. Ils doivent être purifiés par la justice, exercés par la science, parfaits par la sagesse.

7. En effet, selon la première institution de sa nature, l'homme fut créé habile au repos de la contemplation et c'est pourquoi *Dieu l'a placé dans un jardin de délices* (Gn 2, 15). Mais se détournant de la vraie lumière vers | un bien muable, il s'est, par sa propre faute, courbé **298a** lui-même [1], ainsi que tout son genre, par le péché originel qui infecte doublement la nature humaine, à savoir l'esprit par l'ignorance et la chair par la concupiscence. C'est pourquoi l'homme aveuglé et courbé est assis dans les ténèbres et ne voit pas la lumière du ciel (Tb 5, 12) si ne le secourent la grâce unie à la justice contre la concupiscence, et la science unie à la sagesse contre l'ignorance. Tout cela se fait par Jésus Christ *qui pour nous a été fait par Dieu sagesse et justice, sanctification et rédemption* (1 Co 1, 30).

1. Voir saint Bernard, *Sermons sur le Cantique des Cantiques*, 80, 2, et la source scripturaire de ce thème, Lc 13, 10.

Qui cum sit Dei *uirtus* et Dei *sapientia*, sit Uerbum incarnatum *plenum gratiae et ueritatis*, gratiam et ueritatem fecit, gratiam scilicet caritatis infudit, quae, cum sit *de corde puro et conscientia bona et fide non ficta*, totam animam rectificat secundum triplicem ipsius aspectum supradictum; scientiam ueritatis edocuit secundum triplicem modum theologiae, scilicet symbolicae, propriae et mysticae, ut per symbolicam recte utamur sensibilibus, per propriam recte utamur intelligibilibus, per mysticam rapiamur ad supermentales excessus.

8. Qui igitur uult in Deum ascendere necesse est, ut uitata culpa deformante naturam, naturales potentias supradictas exerceat ad gratiam reformantem, et hoc per orationem; ad iustitiam purificantem et hoc in conuersatione; ad scientiam illuminantem, et hoc in meditatione; ad sapientiam perficientem, et hoc in contemplatione. Sicut igitur ad sapientiam nemo uenit nisi per gratiam, justitiam et scientiam, sic ad contemplationem non uenitur nisi per

Comme il est *force* de Dieu et *sagesse* de Dieu (1 Co 1, 24), comme il est le Verbe incarné *plein de grâce et de vérité* (Jn 1, 14), il a fait la grâce et la vérité (*cf.* Jn 1, 17). En effet, il a infusé la grâce de la charité qui, *comme elle est d'un cœur pur, d'une conscience bonne et d'une foi non feinte* (1 Tm 1, 5), rectifie toute l'âme selon son triple regard susdit. Il a enseigné la science de la vérité selon la triple modalité de la théologie, à savoir symbolique, propre et mystique afin que par la théologie symbolique nous utilisions avec justesse les réalités sensibles, par la théologie proprement dite nous utilisions avec justesse les réalités intelligibles, par la théologie mystique nous soyons ravis jusqu'aux extases qui dépassent notre esprit [1].

8. À celui qui veut monter jusqu'en Dieu il est donc nécessaire qu'ayant évité la faute qui déforme la nature, il exerce les puissances naturelles susdites à la grâce qui réforme – et cela par la prière –, à la justice qui purifie – et cela dans la manière de vivre –, à la science qui illumine – et cela dans la méditation –, à la sagesse qui rend parfait – et cela dans la contemplation [2]. Ainsi, de même que personne ne parvient à la sagesse autrement que par la grâce, la justice et la science, pareillement personne ne parvient à la contemplation autrement que par une

1. Voir Denys l'Aréopagite, *Théologie mystique*, III. Sur la signification de la théologie symbolique chez Denys, voir O. Boulnois, « La théologie symbolique face à la théologie comme science », *Lire le monde au Moyen Âge, Revue des sciences philosophiques et théologiques*, Paris, Vrin, n°95 (2011), p. 217-224. Sur la théologie symbolique chez Bonaventure, voir L. Solignac, *La Théologie symbolique de saint Bonaventure*, Paris, Parole et Silence, « Cahier du Collège des Bernardins » n° 95, 2010.

2. Sur le triple acte qui purifie, illumine et parfait, voir *De triplici via*, Prologue (VIII, 3), et Denys l'Aréopagite, *La Hiérarchie céleste*, chapitre III, § 2 et 3 (165A-168A). Sur la différence entre méditation et contemplation, voir Hugues de Saint-Victor, *Didascalicon*, III, 11 et V, 9.

meditationem perspicuam, conuersationem sanctam et orationem deuotam. Sicut igitur gratia fundamentum est rectitudinis uoluntatis et illustrationis perspicuae rationis; sic primo orandum est nobis, deinde sancte uiuendum, tertio ueritatis spectaculis intendendum et intendendo gradatim ascendendum, quousque ueniatur ad montem excelsum, ubi *uideatur Deus deorum in Sion*.

9. Quoniam igitur prius est ascendere quam descendere in scala Iacob, primum gradum ascensionis collocemus in imo, ponendo totum istum mundum sensibilem nobis tanquam speculum, per quod transeamus ad Deum, opificem summum, ut simus ueri Hebraei transeuntes de Aegypto ad terram Patribus | repromissam, simus etiam Christiani cum Christo transeuntes *ex hoc mundo ad Patrem*, simus et sapientiae amatores, quae uocat et dicit : *Transite ad me omnes, qui concupiscitis me, et a generationibus meis adimplemini. A magnitudine namque speciei et creaturae cognoscibiliter poterit Creator horum uideri.*

10. Relucet autem Creatoris summa potentia et sapientia et beneuolentia in rebus creatis, secundum quod hoc tripliciter nuntiat sensus carnis sensui interiori. Sensus enim carnis aut deseruit intellectui rationabiliter inuestiganti, aut fideliter credenti, aut intellectualiter contemplanti. Contemplans considerat rerum existentiam actualem, credens rerum decursum habitualem, ratiocinans rerum praecellentiam potentialem.

méditation perspicace, une manière de vivre sainte et une prière dévote. Comme la grâce est le fondement de la rectitude de la volonté et de la claire illumination de la raison, il nous faut premièrement prier, puis vivre saintement, troisièmement prêter attention aux spectacles de la vérité et, en y prêtant attention, monter graduellement jusqu'à parvenir à la montagne élevée *où apparaît le Dieu des dieux en Sion* (Ps 83, 8).

9. Puisque, sur l'échelle de Jacob (*cf.* Gn 28, 12) la montée précède la descente, nous plaçons en bas le premier degré de la montée, en posant pour nous ce monde sensible tout entier comme un miroir par lequel nous passons à Dieu, artisan suprême, afin d'être de vrais Hébreux passant de l'Égypte à la terre promise aux pères (*cf.* Ex 13, 3-4), | afin d'être aussi des chrétiens passant avec le Christ *de ce monde au Père* (Jn 13, 1), et afin d'être des amants de la sagesse qui appelle en disant : *Passez à moi, vous tous qui me désirez, et rassasiez-vous de mes fruits* (Si 24, 19). *Car par la grandeur de la beauté et de la créature, le Créateur de celles-ci peut être vu et connu* (Sg 13, 5).

298b

10. Or la puissance, la sagesse et la bienveillance suprêmes du Créateur brillent dans les choses créées : les sens de la chair l'annoncent au sens intérieur d'une triple manière. En effet les sens de la chair servent l'intellect qui cherche rationnellement, ou qui croit fidèlement ou qui contemple intellectuellement. Celui qui contemple considère l'existence actuelle des choses ; celui qui croit considère le cours habituel des choses ; celui qui raisonne, considère l'ordre d'excellence des choses selon leurs puissances.

11. Primo modo aspectus contemplantis, res in se ipsis considerans, uidet in eis pondus, numerum et mensuram ; pondus quoad situm, ubi inclinantur, numerum, quo distinguuntur, et mensuram, qua limitantur. Ac per hoc uidet in eis modum, speciem et ordinem, nec non substantiam, uirtutem et operationem. Ex quibus consurgere potest sicut ex uestigio ad intelligendum potentiam, sapientiam et bonitatem Creatoris immensam.

12. Secundo modo aspectus fidelis, considerans hunc mundum, attendit originem, decursum et terminum. Nam *fide* credimus, *aptata esse saecula Uerbo uitae* ; fide credimus, trium legum tempora, scilicet naturae, Scripturae et gratiae sibi succedere et ordinatissime decurrisse ; fide credimus, mundum per finale iudicium terminandum esse : in primo potentiam, in secundo prouidentiam, in tertio iustitiam summi principii aduertentes.

11. De la première manière, le regard de celui qui contemple et considère les choses en elles-mêmes, voit en elles, le poids, le nombre et la mesure (*cf.* Sg 11, 21) : le poids par rapport au lieu vers lequel elles sont inclinées, le nombre par lequel elles sont distinguées et la mesure par laquelle elles sont limitées. Et par là, il voit en elles le mode, l'espèce* et l'ordre, mais aussi la substance, la vertu* et l'opération[1]. À partir de ces choses, il peut, comme à partir d'un vestige, s'élever à l'intelligence de la puissance, de la sagesse et de la bonté immenses du Créateur.

12. De la deuxième manière, le regard du fidèle, qui considère ce monde, prête attention à l'origine, au cours et au terme[2]. En effet, *par la foi* nous croyons *que les siècles ont été formés par le Verbe de vie* (He 11, 3) ; par la foi nous croyons que les temps des trois lois, à savoir la loi de nature, la loi de l'Écriture et la loi de grâce, se sont succédés et déroulés de manière très ordonnée ; par la foi nous croyons que le monde va se terminer par le jugement final. Dans le premier cas, nous découvrons la puissance du principe suprême, dans le second, sa providence, dans le troisième, sa justice.

---

1. Pour le sens de ces triades, voir *I Sent.*, d. 3, a. 1, q. 3 (I, 78) ainsi que *Breviloquium* II, 1 (V, 219).
2. Sur la théologie de l'histoire de saint Bonaventure, dans son articulation avec celle d'Augustin et de Joachim de Flore, voir J. Ratzinger, *La Théologie de l'histoire de saint Bonaventure* [*Die Geschichtstheologie des heiligen Bonaventura*, München, Schnell und Steiner, 1959], trad. fr. R. Givord, Paris, P.U.F., 1988. Voir en particulier *Breviloquium*, Prologue, § 2 et *Hexaëmeron*, coll. XV et XVI.

13. Tertio modo aspectus ratiocinabiliter inuestigantis uidet, quaedam tantum esse, quaedam autem esse et uiuere, quaedam uero esse, uiuere et discernere ; et prima quidem esse minora, secunda media, tertia meliora. – Uidet iterum, quaedam esse tantum corporalia, quaedam partim corporalia, partim spiritualia ; ex quo aduertit, aliqua esse mere spiritualia tanquam utrisque meliora et digniora. – Uidet nihilominus, quaedam esse mutabilia et | corruptibilia, ut terrestria, quaedam mutabilia et incorruptibilia, ut caelestia ; ex quo aduertit, quaedam esse immutabilia et incorruptibilia, ut supercaelestia.

299a

Ex his ergo uisibilibus consurgit ad considerandum Dei potentiam, sapientiam et bonitatem ut entem, uiuentem et intelligentem, mere spiritualem et incorruptibilem et intransmutabilem.

14. Haec autem consideratio dilatatur secundum septiformem conditionem creaturarum, quae est diuinae potentiae, sapientiae et bonitatis testimonium septiforme, si consideretur cunctarum rerum origo, magnitudo, multitudo, pulcritudo, plenitudo, operatio et ordo. – Origo namque rerum secundum creationem, distinctionem et ornatum quantum ad opera sex dierum diuinam praedicat potentiam cuncta de nihilo producentem, sapientiamcuncta lucide distinguentem et bonitatem cuncta largiter adornantem. – Magnitudo autem rerum secundum molem longitudinis, latitudinis et profunditatis ; secundum excellentiam uirtutis longe, alte et profunde se extendentis, sicut patet in diffusione lucis ;

13. De la troisième manière, le regard de celui qui cherche rationnellement voit des choses être seulement, d'autres choses être et vivre, et d'autres encore être, vivre et discerner. – Il voit que les premières sont inférieures, les deuxièmes intermédiaires et les troisièmes meilleures. – Il voit à nouveau que certaines sont seulement corporelles, certaines en partie corporelles et en partie spirituelles ; à partir de cela, il se rend compte que certaines sont purement spirituelles, et ainsi meilleures et plus dignes que les deux autres. – Il n'en voit pas moins que certaines sont muables et corruptibles, comme les réalités terrestres, et que certaines sont muables et | incorruptibles, comme les réalités célestes ; **299a** à partir de quoi il se rend compte que certaines sont immuables et incorruptibles comme les réalités supracélestes.

À partir de ces réalités visibles, il s'élève à considérer la puissance, la sagesse et la bonté de Dieu, en tant qu'il est, vit, intellige, [en tant qu'il est] purement spirituel et incorruptible et immuable.

14. Or cette considération peut être élargie selon la condition septiforme des créatures, qui est un témoignage septiforme de la puissance, de la sagesse et de la bonté divines, si de toutes choses on considère l'origine, la grandeur, la multitude, la beauté, la plénitude, l'opération et l'ordre. – L'origine des choses, selon la création, la distinction et l'ornementation dans l'œuvre des six jours, prêche la puissance divine produisant tout de rien, la sagesse distinguant tout avec clarté et la bonté ornant tout avec largesse. – La grandeur des choses selon l'ampleur de leur longueur, largeur et profondeur, selon l'excellence de [leur vertu] se déployant en longueur, en hauteur et en profondeur (comme c'est évident dans la diffusion de la lumière),

secundum efficaciam operationis intimae, continuae et diffusae, sicut patet in operatione ignis, manifeste indicat immensitatem potentiae, sapientiae et bonitatis trini Dei, qui in cunctis rebus per potentiam, praesentiam et essentiam incircumscriptus existit. – Multitudo uero rerum secundum diuersitatem generalem, specialem et indiuidualem in substantia, in forma seu figura et efficacia ultra omnem humanam aestimationem, manifeste trium praedictarum conditionum in Deo immensitatem insinuat et ostendit. – Pulcritudo autem rerum secundum uarietatem luminum, figurarum et colorum in corporibus simplicibus, mixtis et etiam complexionatis, sicut in corporibus caelestibus et mineralibus, sicut lapidibus et metallis, plantis et animalibus, tria praedicta euidenter proclamat. – Plenitudo autem rerum, secundum quod materia est plena formis secundum rationesseminales ; forma est plena uirtute secundum actiuam potentiam ; uirtus est plena effectibus secundum efficientiam, idipsum manifeste declarat. – Operatio multiplex, secundum quod est naturalis, secundum quod est artificialis, secundum quod est moralis, sua multiplicissima 299b uarietate ostendit immensitatem | illius uirtutis, artis et bonitatis, quae quidem est omnibus « causa essendi, ratio intelligendi et ordo uiuendi ». – Ordo autem secundum rationem durationis, situationis et influentiae, scilicet per prius et posterius, superius et inferius, nobilius et ignobilius, in libro creaturae insinuat manifeste primi principii primitatem, sublimitatem et dignitatem quantum ad infinitatem potentiae ; ordo uero diuinarum legum, praeceptorum et iudiciorum in libro Scripturae immensitatem sapientiae ;

selon l'efficacité de [leur] opération intime, continue et diffuse (comme c'est évident dans l'opération du feu) – cette grandeur indique manifestement l'immensité de la puissance, de la sagesse et de la bonté du Dieu trine, qui, sans y être enclos, existe en toutes choses par [sa] puissance, [sa] présence et [son] essence. – La multitude des choses, selon la diversité générale, spéciale et individuelle dans la substance, la forme ou figure et l'efficacité au-delà de toute estimation humaine, indique et montre manifestement l'immensité des trois conditions susdites en Dieu. – La beauté des choses, selon la variété des lumières, des figures et des couleurs dans les corps simples, mixtes et organiques, comme dans les corps célestes et les minéraux, comme dans les pierres et les métaux, les plantes et les animaux, proclame avec évidence les mêmes trois conditions. – La plénitude des choses selon que la matière est pleine de formes suivant les raisons séminales, que la forme est pleine de vertu [1] selon la puissance active, que la force est pleine d'effets selon l'efficience, déclare manifestement la même chose. – L'opération multiple, selon qu'elle est naturelle, artificielle ou morale, montre par sa variété multiplissime | l'immensité de la vertu, de l'art et de la **299b** bonté, qui n'en sont pas moins pour toutes choses « cause de l'être, raison du connaître et ordre du vivre [2]. » – L'ordre selon la raison de durée, de situation et d'influence, à savoir suivant l'avant et l'après, le supérieur et l'inférieur, le noble et le non noble, indique manifestement, dans le livre de la créature, la primauté, la sublimité et la dignité du premier principe quant à l'infinité de puissance. L'ordre des lois, des préceptes et des jugements divins [indique], dans le livre de l'Écriture, l'immensité de la sagesse.

1. Au sens de force.
2. Saint Augustin, *La Cité de Dieu*, VIII, 4 (BA 34, p. 244-245).

ordo autem diuinorum Sacramentorum, beneficiorum et retributionum in corpore Ecclesiae immensitatem bonitatis, ita quod ipse ordo nos in primum et summum, potentissimum, sapientissimum et optimum euidentissime manuducit.

15. Qui igitur tantis rerum creaturarum splendoribus non illustratur caecus est ; qui tantis clamoribus non euigilat surdus est ; qui ex omnibus his effectibus Deum non laudat mutus est ; qui ex tantis indiciis primum principium non aduertit stultus est. – Aperi igitur oculos, aures spirituales admoue, labia tua solue et cor tuum appone, ut in omnibus creaturis Deum tuum uideas, audias, laudes, diligas et colas, magnifices et honores, ne forte totus contra te orbis terrarum consurgat. Nam ob hoc *pugnabit orbis terrarum contra insensatos*, et econtra sensatis erit materia gloriae, qui secundum Prophetam possunt dicere : *Delectasti me, Domine, in factura tua, et in operibus manuum tuarum exsultabo. Quam magnificata sunt opera tua, Domine ! Omnia in sapientia fecisti : impleta est terra possessione tua.*

L'ordre des sacrements divins, des bienfaits et des rétributions dans le corps de l'Église [indique] l'immensité de la bonté, de telle sorte que l'ordre lui-même nous prend par la main et nous conduit avec l'évidence la plus grande jusqu'au [principe] premier et suprême, très puissant, très sage et très bon.

15. Celui donc que n'éclairent pas les si nombreuses splendeurs des créatures est aveugle. Celui que n'éveillent pas de si nombreuses clameurs est sourd. Celui qui, à partir de tous ces effets, ne loue pas Dieu est muet. Celui qui, à partir de si nombreux indices, ne remarque pas le premier principe est sot. Ouvre donc les yeux, dresse les oreilles de ton esprit, délie tes lèvres et applique ton cœur (Pr 22, 17) de telle sorte qu'en toutes les créatures, tu voies ton Dieu, l'entendes, le loues et l'aimes, lui rendes un culte, le magnifies et l'honores, de peur que tout l'univers ne se dresse contre toi. En effet, à cause de cela, *tout l'univers s'en prendra aux insensés* (Sg 5, 21) mais il sera matière de gloire pour les sensés, qui, selon le Prophète, peuvent dire : *Tu m'as réjoui, Seigneur, dans ta création, et au milieu des œuvres de tes mains je bondirai de joie* (Ps 91, 5). » « *Que tes œuvres sont magnifiques Seigneur! Tu as tout fait avec sagesse, la terre est pleine de ce qui t'appartient* (Ps 103, 24).

CAPITULUM II

DE SPECULATIONE DEI
IN VESTIGIIS SUIS IN HOC SENSIBILI MUNDO

1. Sed quoniam circa speculum sensibilium non solum contingit contemplari Deum per ipsa tanquam per uestigia, uerum etiam in ipsis, in quantum est in eis per essentiam, potentiam et praesentiam ; et hoc considerare est altius quam praecedens ; ideo huiusmodi consideratio secundum tenet locum tanquam secundus contemplationis gradus, 300a quo debemus | manuduci ad contemplandum Deum in cunctis creaturis, quae ad mentem nostram intrant per corporales sensus.

2. Notandum igitur, quod iste mundus, qui dicitur macrocosmus, intrat ad animam nostram, quae dicitur minor mundus, per portas quinque sensuum, secundum ipsorum sensibilium apprehensionem, oblectationem et diiudicationem. Quod patet sic : quia in eo quaedam sunt generantia, quaedam generata, quaedam gubernantia haec et illa. – Generantia sunt corpora simplicia, scilicet corpora caelestia et quatuor elementa. Nam ex elementis per uirtutem lucis conciliantis contrarietatem elementorum

CHAPITRE II

DE LA SPÉCULATION DE DIEU
EN SES VESTIGES DANS CE MONDE SENSIBLE

1. Mais, à propos du miroir des réalités sensibles, il n'arrive pas seulement de contempler Dieu par elles comme par des vestiges, mais encore aussi en elles, en tant qu'il est en elles par son essence, sa puissance et sa présence. Et considérer cela est plus élevé que ce qui précède. Voilà pourquoi ce genre de considération occupe la deuxième place en tant que second degré de contemplation par lequel nous devons | être conduit par la main à contempler Dieu   300ᵃ en chacune des créatures qui entrent en notre esprit par les sens corporels.

2. Il est donc à noter que ce monde, qu'on appelle macrocosme, entre en notre âme, qu'on appelle microcosme, par les portes des cinq sens, selon l'appréhension, le plaisir et le jugement* des réalités sensibles elles-mêmes. Voilà comment cela apparaît : parce qu'en ce monde, certaines réalités engendrent, certaines sont engendrées, certaines gouvernent celles-ci et celles-là. – Celles qui engendrent sont des corps simples, à savoir les corps célestes et les quatre éléments. En effet, à partir des éléments, par la vertu de la lumière qui concilie la contrariété des éléments

in mixtis habent generari et produci, quaecumque generantur et producuntur per operationem uirtutis naturalis. – Generata uero sunt corpora ex elementis composita, sicut mineralia, uegetabilia, sensibilia et corpora humana. – Regentia haec et illa sunt substantiae spirituales, siue omnino coniunctae, ut sunt animae brutales, siue coniunctae separabiliter, ut sunt spiritus rationales, siue omnino separatae, ut sunt spiritus caelestes, quos philosophi Intelligentias, nos Angelos appellamus. Quibus secundum philosophos competit mouere corpora caelestia, ac per hoc eis attribuitur administratio uniuersi, suscipiendo a prima causa, scilicet Deo, uirtutis influentiam, quam refundunt secundum opus gubernationis, quod respicit rerum consistentiam naturalem. Secundum autem theologos attribuitur eisdem regimen uniuersi secundum imperium summi Dei quantum ad opera reparationis, secundum quae dicuntur *administratorii spiritus, missi propter eos qui hereditatem capiunt salutis.*

3. Homo igitur, qui dicitur minor mundus, habet quinque sensus quasi quinque portas, per quas intrat cognitio omnium, quae sunt in mundo sensibili, in animam ipsius. Nam per uisum intrant corpora sublimia et luminosa et cetera colorata, per tactum uero corpora solida et terrestria, per tres uero sensus intermedios intrant intermedia, ut per gustum aquea, per auditum aërea, per odoratum uaporabilia, quae aliquid habent de natura humida, | aliquid de aërea, aliquid de ignea seu calida, sicut patet in fumo ex aromatibus resoluto.

300b

dans les mixtes, doivent être engendrés et produits tous les êtres qui sont engendrés et produits par l'opération de la vertu naturelle. – Celles qui sont engendrées sont des corps composés d'éléments, comme les minéraux, les végétaux, les êtres sensibles et les corps humains. – Celles qui dirigent celles-ci et celles-là sont des substances spirituelles, soit entièrement conjointes, comme le sont les âmes des bêtes, soit conjointes mais pouvant être séparées, comme le sont les esprits raisonnables, soit entièrement séparées comme le sont les esprits célestes que les philosophes appellent « Intelligences » et nous « Anges ». Selon les philosophes, il leur revient de mouvoir les corps célestes, et par là leur est attribué le gouvernement de l'univers, car elles reçoivent de la cause première, à savoir Dieu, l'influence de la vertu qu'elles redistribuent selon l'œuvre de gouvernement qui se rapporte à la consistance naturelle des choses. Toutefois, selon les théologiens, le gouvernement de l'univers leur est attribué selon le commandement du Dieu très haut quant aux œuvres de la réparation, d'après lesquelles on les appelle *intendants spirituels envoyés en faveur de ceux qui recueillent l'héritage du salut* (He 1, 14).

3. L'homme, qui est appelé microcosme, possède donc cinq sens, comme cinq portes par lesquelles entre en son âme la connaissance de toutes les réalités qui sont dans le monde sensible. En effet, par la vue entrent les corps célestes et lumineux ainsi que toutes les autres choses colorées ; par le toucher, les corps solides et terrestres ; par les trois sens intermédiaires entrent les réalités intermédiaires : par le goût, les liquides, par l'ouïe, les sons, par l'odorat, les fumets, qui ont quelque chose de la nature humide, | quelque chose de l'air, quelque chose **300b** d'igné ou de chaud, comme c'est évident pour le parfum qui provient des aromates.

Intrant igitur per has portas tam corpora simplicia quam etiam composita, ex his mixta. Quia uero sensu percipimus non solum haec sensibilia particularia, quae sunt lux, sonus, odor, sapor et quatuor primariae qualitates, quas apprehendit tactus; uerum etiam sensibilia communia, quae sunt numerus, magnitudo, figura, quies et motus; et « omne, quod mouetur, ab alio mouetur », et quaedam a se ipsis mouentur et quiescunt, ut sunt animalia : dum per hos quinque sensus motus corporum apprehendimus, manuducimur ad cognitionem motorum spiritualium tanquam per effectum in cognitionem causarum.

4. Intrat igitur quantum ad tria rerum genera in animam humanam per apprehensionem totus iste sensibilis mundus. Haec autem sensibilia exteriora sunt quae primo ingrediuntur in animam per portas quinque sensuum; intrant, inquam, non per substantias, sed per similitudines suas, primo generatas in medio et de medio in organo et de organo exteriori in interiori et de hoc in potentiam apprehensiuam; et sic generatio speciei in medio et de medio in organo et conuersio potentiae apprehensiuae super illam facit apprehensionem omnium eorum quae exterius anima apprehendit.

Par ces portes entrent donc les corps simples mais aussi les corps composés, mélange de ceux-ci. Puisque, de fait, par les sens nous percevons non seulement ces sensibles particuliers que sont la lumière, le son, l'odeur, la saveur et les quatre qualités primaires qu'appréhende le toucher, mais aussi les sensibles communs que sont le nombre, la grandeur, la figure, le repos et le mouvement, que « tout ce qui est mû, est mû par un autre [1] » et que certaines choses se meuvent et se reposent par elles-mêmes, tels les animaux : lors donc que par ces cinq sens nous appréhendons les mouvements des corps, nous sommes pris par la main et conduits à la connaissance des moteurs spirituels, de même que par l'effet nous sommes conduits à la connaissance des causes.

4. C'est donc tout ce monde sensible qui, avec ces trois genres de choses, entre dans l'âme humaine par l'appréhension. Or les sensibles extérieurs sont les choses qui entrent en premier dans l'âme par les portes des cinq sens. Ils entrent, dis-je, non par leur substance mais par leur ressemblance [2], d'abord engendrée dans le milieu et à partir du milieu dans l'organe et de l'organe extérieur dans [l'organe] intérieur et de celui-ci dans la puissance appréhensive. Et ainsi la génération de l'espèce dans le milieu et à partir du milieu dans l'organe, et la conversion de la puissance appréhensive sur celle-ci, provoque l'appréhension de toutes les choses que l'âme appréhende à l'extérieur.

1. Aristote, *Physique* VII, 1, 241b 35.
2. Voir Aristote, *De l'âme*, II, 12, 427a 17.

5. Ad hanc apprehensionem, si sit rei conuenientis, sequitur oblectatio. Delectatur autem sensus in obiecto per similitudinem abstractam percepto uel ratione speciositatis, sicut in uisu, uel ratione suauitatis, sicut in odoratu et auditu, uel ratione salubritatis, sicut in gustu et tactu, appropriate loquendo. Omnis autem delectatio est ratione proportionalitatis. Sed quoniam species tenet rationem formae, uirtutis et operationis, secundum quod habet respectum ad principium, a quo manat, ad medium, per quod transit, et ad terminum, in quem agit; ideo proportionalitas aut attenditur in similitudine, secundum quod tenet rationem speciei seu formae, et sic dicitur speciositas, quia « pulcritudo nihil aliud est quam aequalitas numerosa », seu « quidam | partium situs cum coloris suauitate ». Aut attenditur proportionalitas, in quantum tenet rationem potentiae seu uirtutis, et sic dicitur suauitas, cum uirtus agens non improportionaliter excedit recipientem; quia sensus tristatur in extremis et in mediis delectatur. Aut attenditur, in quantum tenet rationem efficaciae et impressionis, quae tunc est proportionalis, quando agens imprimendo replet indigentiam patientis, et hoc est saluare et nutrire ipsum, quod maxime apparet in gustu et tactu. Et sic per oblectationem delectabilia exteriora secundum triplicem rationem delectandi per similitudinem intrant in animam.

301a

5. À cette appréhension, s'il s'agit d'une chose qui convient, succède le plaisir. Or le sens se délecte dans l'objet perçu par la ressemblance abstraite, soit en raison de sa beauté, comme dans la vue, soit en raison de sa suavité, comme dans l'odorat et l'ouïe, soit en raison de sa salubrité, comme dans le goût et le toucher, pour le dire en attribuant à chaque sens ce qui lui est approprié. Tout plaisir est en raison d'une proportion[1]. Or, comme l'espèce a raison de forme, de vertu et d'opération selon qu'elle se rapporte au principe d'où elle émane, au milieu par où elle passe et au terme vers lequel elle agit, la proportion est remarquée dans la ressemblance selon que celle-ci a raison d'espèce ou de forme, et on l'appelle alors beauté, puisque « la beauté n'est rien d'autre qu'une égalité numérique » ou « un arrangement des parties | avec la suavité de la couleur[2] ». La proportion est aussi remarquée [dans la ressemblance] selon que celle-ci a raison de puissance ou de vertu*, et on l'appelle alors suavité, lorsque la vertu en agissant ne dépasse pas de manière disproportionnée le récepteur. Car le sens peine dans les extrêmes et se délecte dans les intermédiaires[3]. [La proportion] est enfin remarquée [dans la ressemblance] selon que celle-ci a raison d'efficacité et d'impression, qui est proportionnelle lorsque l'agent en l'imprimant remplit l'indigence du patient, et cela est s'assurer la santé et se nourrir, ce qui apparaît au plus haut point dans le goût et le toucher. Et ainsi, par le plaisir, les réalités délectables extérieures entrent dans l'âme par leur ressemblance selon une triple raison de plaisir.

301a

---

1. Voir Aristote, *De l'âme*, III, 2, 426b 3.

2. Saint Augustin, *La musique*, VI, 13, 38 (BA 7, 443) ; *La Cité de Dieu*, XXII, 19, 2 (BA 37, 633).

3. Aristote, *De l'âme*, II, 12, 424a 29 ; III, 2, 426b 8, et 4, 429b 1.

6. Post hanc apprehensionem et oblectationem fit diiudicatio, qua non solum diiudicatur, utrum hoc sit album, uel nigrum, quia hoc pertinet ad sensum particularem; non solum, utrum sit salubre, uel nociuum, qui hoc pertinet ad sensum interiorem; uerum etiam, qua diiudicatur et ratio redditur, quare hoc delectat; et in hoc actu inquiritur de ratione delectationis, quae in sensu percipitur ab obiecto. Hoc est autem, cum quaeritur ratio pulcri, suauis et salubris; et inuenitur, quod haec est proportio aequalitatis. Ratio autem aequalitatis est eadem in magnis et paruis nec extenditur dimensionibus nec succedit seu transit cum transeuntibus nec motibus alteratur. Abstrahit igitur a loco, tempore et motu, ac per hoc est incommutabilis, incircumscriptibilis, interminabilis et omnino spiritualis. Diiudicatio igitur est actio, quae speciem sensibilem, sensibiliter per sensus acceptam introire facit depurando et abstrahendo in potentiam intellectiuam. Et sic totus iste mundus introire habet in animam humanam per portas sensuum secundum tres operationes praedictas.

7. Haec autem omnia sunt uestigia, in quibus speculari possumus Deum nostrum. – Nam cum species apprehensa sit similitudo in medio genita et deinde ipsi organo impressa et per illam impressionem in suum principium, scilicet in obiectum cognoscendum, | ducat; manifeste insinuat, quod illa lux aeterna generat ex se similitudinem seu splendorem coaequalem, consubstantialem et coaeternalem;

6. Après l'appréhension et le plaisir advient le jugement, par lequel on juge non seulement si ceci est blanc ou noir, car cela relève d'un sens particulier[1], non seulement si c'est bon pour la santé ou nocif, car cela relève du sens intérieur, mais aussi par lequel on juge et on rend raison de pourquoi cela plaît. Et dans cet acte, on s'enquiert de la raison du plaisir qui est perçu dans le sens à partir de l'objet. Or cela a lieu lorsqu'on cherche la raison du beau, du suave et du salubre*. Et on trouve que celle-ci est un rapport d'égalité. Or la raison d'égalité est la même dans les grandes choses et les petites, elle ne s'étend pas avec les dimensions, elle n'est pas successive ou passagère avec les choses qui passent et n'est pas altérée par les mouvements. Elle abstrait donc du lieu, du temps et du mouvement, et par là-même elle est immuable, sans limite assignable, sans terme et entièrement spirituelle[2]. Le jugement est donc l'action qui fait entrer dans la puissance intellective l'espèce sensible, sensiblement reçue par les sens, en la purifiant et en l'abstrayant. Et ainsi la totalité de ce monde doit entrer dans l'âme humaine par les portes des sens selon les trois opérations susdites.

7. Or toutes ces choses sont des vestiges dans lesquels nous pouvons regarder notre Dieu dans un miroir. En effet puisque l'espèce appréhendée est une ressemblance engendrée dans le milieu, puis imprimée dans l'organe lui-même, et que par cette impression elle conduit à son principe, à savoir jusque dans l'objet à connaître, | elle indique manifestement que la lumière éternelle **301b** engendre à partir de soi une ressemblance ou splendeur coégale, consubstantielle et coéternelle. Et [elle indique]

1. Voir Jean de la Rochelle, *Summa de anima*, II, 18.
2. Saint Augustin, *La vraie religion*, 30, 56 (BA 8, 105).

et quod ille qui est *imago inuisibilis Dei et splendor gloriae et figura substantiae ejus* qui ubique est per primam sui generationem, sicut obiectum in toto medio suam generat similitudinem, per gratiam unionis unitur, sicut species corporali organo, indiuiduo rationalis naturae, ut per illam unionem nos reduceret ad Patrem sicut ad fontale principium et obiectum. Si ergo omnia cognoscibilia habent sui speciem generare, manifeste proclamant, quod in illis tanquam in speculis uideri potest aeterna generatio Verbi, Imaginis et Filii a Deo Patre aeternaliter emanantis.

8. Secundum hunc modum species delectans ut speciosa, suauis et salubris insinuat, quod in illa prima specie est prima speciositas, suauitas et salubritas, in qua est summa proportionalitas et aequalitas ad generantem; in qua est uirtus, non per phantasmata, sed per ueritatem apprehensionis illabens; in qua est impressio saluans et sufficiens et omnem apprehendentis indigentiam expellens. Si ergo « delectatio est coniunctio conuenientis cum conueniente »; et solius Dei similitudo tenet rationem summe speciosi, suauis et salubris : et unitur secundum ueritatem et secundum intimitatem et secundum plenitudinem replentem omnem capacitatem : manifeste uideri potest, quod in solo Deo est fontalis et uera delectatio, et quod ad ipsam ex omnibus delectationibus manuducimur requirendam.

9. Excellentiori autem modo et immediatiori diiudicatio ducit nos in aeternam ueritatem certius speculandam. Si

que celui qui est *l'image du Dieu invisible* (Col 1, 15), *la splendeur de sa gloire et la figure de sa substance* (He 1, 3), et qui est partout par sa première génération – comme l'objet engendre sa ressemblance dans tout le milieu –, est uni par la grâce d'union à un individu de nature rationnelle – comme l'espèce à l'organe corporel – afin de nous reconduire, par cette union, au Père comme au principe fontal et à l'objet-source. Donc, si toutes les réalités connaissables doivent engendrer leur espèce, elles proclament manifestement qu'en elles comme en des miroirs on peut voir la génération éternelle du Verbe, de l'Image et du Fils émanant éternellement de Dieu le Père.

8. De cette manière, l'espèce qui plaît comme belle, suave et salubre indique que, dans cette première espèce, il y a la première beauté, suavité et salubrité, dans laquelle il y a une suprême proportion et égalité avec celui qui l'engendre. En elle, il y a la vertu, qui pénètre non par des images mais par la vérité de l'appréhension, et il y a en elle l'impression qui sauve, suffit et chasse toute indigence d'appréhension. Si donc « le plaisir est la conjonction de deux choses qui se conviennent [1] » ; si seule la ressemblance de Dieu a raison de suprême beauté, suavité et salubrité et est unie selon la vérité, selon l'intimité et selon la plénitude remplissant toute capacité, on peut manifestement voir qu'en Dieu seul est la source véritable du plaisir, et que nous sommes pris par la main et conduits à requérir ce dernier à partir de tous les plaisirs.

9. Or le jugement nous conduit de manière plus excellente et plus immédiate en l'éternelle vérité, qui doit être spéculée de manière plus précise. Si, en effet,

---

1. Saint Augustin, *La vraie religion*, 18, 35 et 43, 81 (BA 8, 71 et 147).

enim diiudicatio habet fieri per rationem abstrahentem a
loco, tempore et mutabilitate, ac per hoc a dimensione,
successione et transmutatione, per rationem immutabilem
et incircumscriptibilem et interminabilem; nihil autem est
omnino immutabile, incircumscriptibile et interminabile
nisi quod est aeternum; omne autem quod est aeternum,
302a | est Deus, uel in Deo; si ergo omnia, quaecumque certius
diiudicamus, per huiusmodi rationem diiudicamus; patet,
quod ipse est ratio omnium rerum et regula infallibilis et
lux ueritatis, in qua cuncta relucent infallibiliter, indebiliter,
indubitanter, irrefragabiliter, indiiudicabiliter, incommutabiliter, incoarctabiliter, interminabiliter, indiuisibiliter et
intellectualiter. Et ideo leges illae, per quas iudicamus
certitudinaliter de omnibus sensibilibus, in nostram
considerationem uenientibus; cum sint infallibiles et
indubitabiles intellectui apprehendentis, sint indelebiles a
memoria recolentis tanquam semper praesentes, sicut
irrefragabiles et indiiudicabiles intellectui iudicantis, quia,
ut dicit Augustinus, « nullus de eis iudicat, sed per illa » :
necesse est, eas esse incommutabiles et incorruptibiles,
tanquam necessarias, incoarctabiles tanquam incircum-
scriptas, interminabiles tanquam aeternas, ac per hoc
indiuisibiles tanquam intellectuales et incorporeas, non
factas, sed increatas, aeternaliter existentes in arte aeterna,
a qua, per quam et secundum quam formantur formosa
omnia; et ideo nec certitudinaliter iudicari possunt
nisi per illam quae non tantum fuit forma cuncta
producens, uerum etiam cuncta conseruans et distinguens,

le jugement doit se faire par une raison qui abstrait du lieu, du temps et du changement, et par là de la dimension, de la succession et de la transformation, par une raison immuable, sans limite assignable et sans terme – mais rien n'est absolument immuable, sans limite assignable et sans terme, sinon ce qui est éternel. Or tout ce qui est éternel | est Dieu ou en Dieu ; si donc toutes les choses que nous jugeons le plus certainement, nous les jugeons par une raison de ce genre, il est clair qu'elle est la raison de toutes choses, la règle infaillible et la lumière de vérité, en laquelle toutes choses s'éclairent de manière infaillible, indélébile, indubitable, irréfragable, injugeable, immuable, incoercible, interminable, indivisible et intellectuelle. Et c'est pourquoi ces lois par lesquelles nous jugeons avec certitude de toutes les réalités sensibles qui viennent à notre considération, puisqu'elles sont infaillibles et indubitables pour l'intellect de celui qui appréhende, puisqu'elles sont indélébiles pour la mémoire de celui qui les recueille comme toujours présentes, puisqu'elles sont irréfragables et injugeables pour l'intellect de qui juge – car, selon ce que dit Augustin, « nul ne juge d'elles, mais c'est par elles que l'on juge [1] » –, il est nécessaire, qu'elles soient immuables et incorruptibles en tant que nécessaires, incoercibles en tant que sans limite, interminables en tant qu'éternelles et par là indivisibles en tant qu'intellectuelles et incorporelles, non faites mais incréées, existant éternellement dans l'art éternel, à partir duquel, par lequel et selon lequel toutes les belles choses sont formées. Voilà pourquoi elles ne peuvent pas être jugées avec certitude sinon par celui qui n'a pas été seulement la forme qui produit tout mais aussi celui qui conserve et distingue tout,

302a

1. Saint Augustin, *Le libre arbitre*, II, 14, 38 (BA 6, 291), et *La vraie religion*, 31, 58 (BA 8, 107).

tanquam ens in omnibus formam tenens et regula dirigens, et per quam diiudicat mens nostra cuncta, quae per sensus intrant in ipsam.

10. Haec autem speculatio dilatatur secundum considerationem septem differentiarum numerorum, quibus quasi septem gradibus conscenditur in Deum, secundum quod ostendit Augustinus in libro de Uera Religione et in sexto Musicae, ubi assignat differentias numerorum gradatim conscendentium ab his sensibilibus usque ad Opificem omnium, ut in omnibus uideatur Deus. Dicit enim, numeros esse in corporibus et maxime in sonis et uocibus, et hos uocat sonantes ; numeros ab his abstractos et in sensibus nostris receptos, et hos uocat occursores ; numeros ab anima procedentes in corpus, sicut patet in gesticulationibus et saltationibus, et hos uocat progressores ; numeros in delectationibus sensuum ex conuersione intentionis super speciem receptam, et hos uocat | sensuales ; numeros in memoria retentos, et hos uocat memoriales ; numeros etiam, per quos de his omnibus iudicamus, et hos uocat iudiciales, qui, ut dictum est, necessario sunt supra mentem tanquam infallibiles et indiiudicabiles. Ab his autem imprimuntur mentibus nostris numeri artificiales, quos tamen inter illos gradus non enumerat Augustinus, quia connexi sunt iudicialibus ; et ab his manant numeri progressores, ex quibus creantur numerosae formae artificiatorum,

302b

puisqu'en toute réalité il est celui qui maintient la forme et la règle directrice, et par quoi notre esprit juge toutes les choses qui entrent en lui par les sens.

10. Cette spéculation est élargie d'après la considération des sept différences des nombres, par lesquelles, comme par sept degrés, on monte jusqu'en Dieu comme l'a montré Augustin dans l'ouvrage sur *La vraie Religion* et dans le sixième livre de *La Musique*, où il répartit les différences des nombres, montant graduellement de ces réalités sensibles jusqu'à l'Artisan de toutes réalités pour que Dieu soit vu en toutes [1]. Il dit en effet que les nombres sont, dans les corps, surtout dans les sons et les voix et ceux-là il les nomme « sonores ». Les nombres abstraits de ceux-là et reçus dans nos sens, il les appelle « apportés ». Les nombres procédant de l'âme dans le corps, comme on le voit dans les pantomimes, il les appelle « proférés ». Les nombres dans les plaisirs sensibles à partir de la conversion de l'intention sur l'espèce reçue, il les appelle | « sensibles ». Les nombres retenus dans la mémoire, il les appelle « mémoriaux ». Les nombres aussi par lesquels nous jugeons de toutes ces choses, il les appelle « judiciaires », lesquels, comme on l'a dit, sont nécessairement au-dessus de l'esprit en tant qu'infaillibles et injugeables. À partir de ceux-ci, cependant, sont imprimés dans nos esprits les nombres « artificiels » qu'Augustin n'énumère pourtant pas parmi ces degrés, parce qu'ils sont liés aux judiciaires ; et à partir de ceux-ci émanent les nombres proférés, à partir desquels sont créées les nombreuses formes des choses fabriquées,

302b

---

1. *La vraie religion* 40-44, n. 74-82 (BA 8, 133-149) et *La Musique*, VI, II, 2-IV, 5 (BA 7, 361-369). Voir également *Libre arbitre* II, 8, 20-24 (BA 6, 251-259) ; II, 16, 41 (BA 6, 295).

ut a summis permedia ordinatus fiat descensus ad infima.
Ad hos etiam gradatim ascendimus a numeris sonantibus,
mediantibus occursoribus, sensualibus et memorialibus.
Cum igitur omnia sint pulcra et quodam modo delectabilia;
et pulcritudo et delectatio non sint absque proportione; et
proportio primo sit in numeris; necesse est, omnia esse
numerosa; ac per hoc « numerus est praecipuum in animo
Conditoris exemplar » et in rebus praecipuum uestigium
ducens in Sapientiam. Quod cum sit omnibus euidentissimum
et Deo propinquissimum, propinquissime quasi per septem
differentias ducit in Deum et facit, eum cognosci in cunctis
corporalibus et sensibilibus, dum numerosa apprehendimus,
in numerosis proportionibus delectamur et per numerosarum
proportionum leges irrefragabiliter iudicamus.

11. Ex his duobus gradibus primis, quibus manuducimur
ad speculandum Deum in uestigiis quasi ad modum duarum
alarum descendentium circa pedes (*Cfr.* Is 6,2), colligere
possumus, quod omnes creaturae istius sensibilis mundi
animum contemplantis et sapientis ducunt in Deum
aeternum, pro eo quod illius primi principii potentissimi,
sapientissimi et optimi, illius aeternae originis, lucis et
plenitudinis, illius, inquam artis efficientis, exemplantis
et ordinantis sunt umbrae, resonantiae et picturae, sunt
uestigia, simulacra et spectacula nobis ad contuendum

afin qu'à partir des plus élevés grâce aux intermédiaires se fasse une descente ordonnée jusqu'aux plus bas. Nous montons aussi jusqu'à eux graduellement à partir des nombres sonores, en passant par les nombres apportés, sensibles et mémoriaux. Donc, puisque toutes les réalités sont belles et font plaisir de quelque façon, puisqu'il n'y a pas de beauté et de plaisir sans un rapport et puisque le rapport est d'abord dans les nombres, il est nécessaire que toutes les choses soient pleines de nombres ; par-là, « le nombre est l'exemplaire principal dans l'esprit du Créateur [1] » et, dans les choses, le vestige principal conduisant à la sagesse. Puisque le nombre est très évident à tous et très proche de Dieu, c'est de manière très proche, comme par sept différences, qu'il conduit jusqu'à Dieu et fait que celui-ci est connu en toutes les réalités corporelles et sensibles lorsque nous appréhendons les choses pleines de nombres, que nous nous délectons dans les rapports numériques et que nous jugeons de façon irréfragable par les lois des rapports numériques.

11. À partir de ces deux premiers degrés, par lesquels nous sommes pris par la main et conduits à spéculer* Dieu dans les vestiges, conformément aux deux ailes descendant sur les pieds [des séraphins] (*cf.* Is 6, 2), nous pouvons recueillir ceci : toutes les créatures de ce monde sensible conduisent l'esprit* de celui qui contemple et savoure jusqu'en Dieu éternel. En effet, de ce premier principe très puissant, très sage et très bon, de cette éternelle origine, lumière et plénitude, de cet art, dis-je, qui produit, exemplifie et ordonne, elles sont les ombres, les résonances et les images peintes, elles sont les vestiges, les effigies et les spectacles qui nous sont proposés pour contuitionner*

1. Boèce, *De l'arithmétique*, I, 1 et II, 40.

Deum proposita et signa diuinitus data; quae, inquam, sunt exemplaria uel potius exemplata, proposita mentibus adhuc rudibus et sensibilibus, ut per sensibilia, quae uident, transferantur ad intelligibilia, quae non uident, tanquam per signa ad signata.

12. Significant autem hujusmodi creaturae huius mundi sensibilis *inuisibilia Dei*, partim quia Deus | est omnis creaturae origo, exemplar et finis, et omnis effectus est signum causae, et exemplatum exemplaris, et uia finis, ad quem ducit; partim ex propria repraesentatione; partim ex prophetica praefiguratione; partim ex angelica operatione; partim ex superaddita institutione. Omnis enim creatura ex natura est illius aeternae sapientiae quaedam effigies et similitudo, sed specialiter illa quae in libro Scripturae per spiritum prophetiae assumta est ad spiritualium praefigurationem; specialius autem illae creaturae, in quarum effigie Deus angelico ministerio uoluit apparere; specialissime uero ea quam uoluit ad significandum instituere, quae tenet non solum rationem signi secundum nomen commune, uerum etiam sacramenti.

13. Ex quibus omnibus colligitur, quod inuisibilia Dei a creatura mundi, per ea quae facta sunt intellecta, conspiciuntur ita ut qui nolunt ista aduertere et Deum in his omnibus cognoscere, benedicere et amare inexcusabiles sint, dum nolunt transferri de tenebris in admirabile lumen

303a

Dieu, et des signes divinement donnés. Elles sont, dis-je, les exemplaires ou plutôt les exemplés, proposés à nos esprits encore grossiers et sensuels pour que, par les réalités sensibles qu'ils voient, ils soient transportés jusqu'aux réalités intelligibles qu'ils ne voient pas, comme par les signes jusqu'aux signifiés.

12. Or les créatures de ce monde sensible signifient les *réalités invisibles de Dieu* (Rm 1, 20) : d'une part, parce que Dieu | est l'origine, l'exemplaire et la fin de toute créature et que tout effet est le signe d'une cause, l'exemplé de l'exemplaire et le chemin de la fin à laquelle il conduit ; d'autre part, soit en raison de la représentation au sens propre du terme, soit en raison de la préfiguration prophétique, soit en raison de l'opération angélique, soit en raison de l'institution surajoutée. Par nature, toute créature est, en effet, une certaine effigie et ressemblance de cette sagesse éternelle ; mais l'est spécialement [la créature] qui, dans le livre de l'Écriture, est assumée par l'esprit de prophétie pour la préfiguration des réalités spirituelles ; le sont de manière encore plus spéciale, les créatures dans l'effigie desquelles Dieu a voulu apparaître par le ministère angélique ; le sont de manière tout à fait spéciale, celles qu'il a voulu instituer comme signes qui ont non seulement raison de signe selon le nom commun, mais aussi de Sacrement.

13. À partir de tout cela, on peut conclure que *les réalités invisibles de Dieu, depuis la création du monde, sont manifestées à l'intelligence par les choses qui ont été faites* (Rm 1, 20), de telle sorte que ceux qui ne veulent ni remarquer ni connaître, bénir et aimer Dieu en elles toutes *sont inexcusables* (Rm 1, 20) lorsqu'ils ne veulent pas être conduits *des ténèbres à l'admirable lumière* (1 P 2, 9)

303a

Dei. Deo autem gratias per Iesum Christum, Dominum
nostrum qui nos de tenebris transtulit in admirabile lumen
suum, dum per haec lumina exterius data ad speculum
mentis nostrae, in quo relucent diuina, disponimur ad
reintrandum.

de Dieu. *Grâces soient rendues à Dieu par Jésus Christ notre Seigneur* (1 Co 15, 57), qui nous a fait passer *des ténèbres à son admirable lumière* (1 P 2, 9) alors que, par ces lumières qui sont données à l'extérieur, nous sommes disposés à rentrer à [l'intérieur du] miroir de notre esprit, dans lequel brillent les réalités divines.

CAPITULUM III

DE SPECULATIONE DEI
PER SUAM IMAGINEM NATURALIBUS
POTENTIIS INSIGNITAM

1. Quoniam autem duo gradus praedicti, ducendo nos
in Deum per uestigia sua, per quae in cunctis creaturis
relucet, manuduxerunt nos usque ad hoc, ut ad nos
reintraremus, in mentem scilicet nostram in qua diuina
relucet imago; hinc est, quod iam tertio loco, ad nosmetipsos
intrantes et quasi atrium forinsecus relinquentes, in *sanctis*,
scilicet anteriori parte tabernaculi, conari debemus per
speculum uidere Deum; ubi ad modum candelabri relucet
303b | lux ueritatis in facie nostrae mentis, in qua scilicet
resplendet imago beatissimae Trinitatis.

Intra igitur ad te et uide, quoniam mens tua amat
feruentissime semetipsam; nec se posset amare, nisi se
nosset; nec se nosset, nisi sui meminisset, quia nihil capimus
per intelligentiam, quod non sit praesens apud nostram
memoriam; et ex hoc aduertis, animam tuam triplicem
habere potentiam, non oculo carnis, sed oculo rationis.

CHAPITRE III

DE LA SPÉCULATION DE DIEU
PAR SON IMAGE INSCRITE
DANS LES PUISSANCES NATURELLES

1. Les deux degrés précédents nous ont conduits jusqu'en Dieu par ses vestiges, eux par lesquels il brille en toutes les créatures ; ils nous ont pris par la main et conduits à ceci : entrer à nouveau en nous-mêmes, c'est-à-dire jusqu'en notre esprit dans lequel brille l'image divine. Voilà pourquoi en troisième lieu déjà, entrant en nous-mêmes et quittant en quelque sorte le parvis extérieur, c'est dans le *Saint* (*cf.* Ex 26, 34-35), à savoir la partie antérieure du tabernacle, que nous devons nous efforcer de voir Dieu par le miroir où, à la façon d'un chandelier, | la lumière de vérité brille sur la face de notre esprit, en **303b** qui resplendit l'image de la très bienheureuse Trinité (*cf.* Ps 4, 7). Entre donc en toi-même et vois que ton esprit s'aime lui-même avec la plus grande ferveur, qu'il ne pourrait s'aimer s'il ne se connaissait, qu'il ne se connaîtrait pas s'il ne se souvenait de lui-même, car nous ne comprenons rien par l'intelligence qui ne soit présent auprès de notre mémoire. Et à partir de cela, remarque, non par l'œil de la chair mais par l'œil de la raison[1],

1. Hugues de Saint-Victor, *De Sacramentis*, I, 10, 3.

Considera igitur harum trium potentiarum operationes et habitudines, et uidere poteris Deum per te tanquam per imaginem, quod est *uidere per speculum et in aenigmate.*

2. Operatio autem memoriae est retentio et repraesentatio non solum praesentium, corporalium et temporalium, uerum etiam succedentium, simplicium et sempiternalium. Retinet namque memoria praeterita per recordationem, praesentia per susceptionem, futura per praeuisionem. – Retinet etiam simplicia, sicut principia quantitatum continuarum et discretarum, ut punctum, instans et unitatem, sine quibus impossibile est meminisse aut cogitare ea quae principiantur per haec. – Retinet nihilominus scientiarum principia et dignitates ut sempiternalia et sempiternaliter, quia nunquam potest sic obliuisci eorum, dum ratione utatur, quin ea audita approbet et eis assensiat, non tanquam de nouo percipiat, sed tanquam sibi innata et familiaria recognoscat; sicut patet, si proponatur alicui : « *De quolibet affirmatio, uel negatio* »; uel : « *Omne totum est maius sua parte* », uel quaecumque alia dignitas, cui non est contradicere « *ad interius rationem* ». – Ex prima igitur retentione actuali omnium temporalium, praeteritorum scilicet, praesentium et futurorum, habet effigiem aeternitatis, cuius praesens indiuisibile ad omnia tempora se extendit. – Ex secunda apparet, quod ipsa non solum

que ton âme a une triple puissance. Considère donc les opérations et dispositions de ces trois puissances, et tu pourras voir Dieu par toi comme par une image, ce qui est *voir par un miroir et en énigme* (1 Co 13, 12).

2. L'opération de la mémoire consiste à retenir et à représenter non seulement les choses présentes, corporelles et temporelles, mais aussi celles qui sont successives, simples et perpétuelles. En effet la mémoire retient les choses passées par le souvenir, les présentes par la réception, les futures par la prévision. – Elle retient aussi les choses simples, telles les principes des quantités continues et discrètes comme le point, l'instant et l'unité, sans lesquels il est impossible de se souvenir ou de penser les choses qui ont leur principe en elles. – Elle ne retient pas moins les principes et les axiomes des sciences comme perpétuels et pour toujours, parce qu'elle ne peut jamais les oublier lorsqu'elle s'en sert par la raison, au point qu'elle les approuve en les entendant et leur donne son assentiment non parce qu'elle les perçoit à nouveau, mais parce qu'elle reconnaît qu'ils lui sont innés et familiers. C'est ce qui est évident lorsqu'on propose à quelqu'un : « À propos de tout, on peut affirmer ou nier [1] », ou bien : « Le tout est plus grand que sa partie [2] » ou n'importe quel autre axiome, dont on ne peut contredire « la raison de l'intérieur [3] ». – Du fait de la première rétention actuelle de toutes les choses temporelles, à savoir passées, présentes et futures, [la mémoire] possède donc l'effigie de l'éternité dont le présent s'étend indivisiblement à tous les temps. – Du fait de la deuxième rétention, il apparaît non seulement qu'elle

1. Aristote, *Métaphysique* Γ (IV), 8, 1012b 12.
2. *Ibid.*, Δ (V), 25 (1023b 20).
3. Aristote, *Seconds analytiques*, I, 10, 76b 25.

habet ab exteriori formari per phantasmata, uerum etiam
a superiori suscipiendo et in se habendo simplices formas,
quae non possunt introire per portas sensuum et sensibilium
phantasias. – Ex tertia habetur, quod ipsa habet lucem
incommutabilem sibi praesentem, in qua meminit
inuariabilium ueritatum. – Et sic per operationes memoriae
apparet, quod ipsa anima est imago Dei et similitudo adeo
sibi praesens et eum habens praesentem, quod eum actu
capit et per potentiam « *capax eius est et particeps esse
potest* ». –

3 Operatio autem uirtutis intellectiuae est in perceptione
intellectus terminorum, propositionum et illationum.
– Capit autem intellectus terminorum significata, cum
comprehendit, quid est unumquodque per definitionem.
Sed definitio habet fieri per superiora, et illa per superiora
definiri habent, usquequo ueniatur ad suprema et genera-
lissima, quibus ignoratis, non possunt intelligi definitiue
inferiora. Nisi igitur cognoscatur quid est ens per se,
non potest plene sciri definitio alicuius specialis substantiae. Nec ens per se cognosci potest, nisi cognoscatur
cum suis conditionibus, quae sunt : unum, uerum,
bonum. Ens autem, cum possit cogitari ut diminutum
et ut completum, ut imperfectum et ut perfectum,

doit être formée à partir de l'extérieur par les images
sensibles, mais aussi en recevant d'en-haut et en ayant en
soi les formes simples qui ne peuvent entrer par les portes
des sens et les images sensibles. – Du fait de la troisième
rétention, | [on peut dire] qu'elle a en elle-même une   **304a**
lumière immuable présente à elle dans laquelle elle se
souvient des vérités invariables. – Et ainsi, par les opérations
de la mémoire, il apparaît que l'âme elle-même est une
image et une ressemblance de Dieu à ce point présente à
elle-même et l'ayant si présent à elle qu'elle le saisit par
son acte, et par sa puissance « elle est capable de lui et
peut être participante de lui [1]. »

3. Quant à l'opération de la puissance intellective, elle
consiste dans la perception du sens des termes, des
propositions et des inférences. Or l'intellect saisit les choses
signifiées par les termes lorsqu'il comprend ce que chaque
chose est par définition. Mais la définition doit être faite
par les choses supérieures, et celles-ci doivent être [elles-
mêmes] définies par les choses qui leur sont supérieures
jusqu'à ce qu'on en arrive aux réalités suprêmes et les plus
générales : lorsqu'on ignore celles-ci, les choses inférieures
ne peuvent pas être comprises définitivement [2]. Donc, si
on ne sait pas ce qu'est ce qui est* par soi, on ne peut pas
savoir pleinement la définition d'une substance particulière.
Et ce qui est par soi ne peut pas être connu s'il n'est
pas connu avec ses conditions qui sont l'un, le vrai,
le bien. Or ce qui est peut être pensé comme diminué et
comme complet, comme imparfait et comme parfait,

1. Saint Augustin, *La Trinité*, XIV, 8, 11 (BA 16, 375).
2. Aristote, *Topiques*, VI, 4, 141a 25-30.

ut ens in potentia et ut ens in actu, ut ens secundum quid et ut ens simpliciter, ut ens in parte et ut ens totaliter; ut ens transiens et ut ens manens, ut ens per aliud et ut ens per se, ut ens permixtum non-enti et ut ens purum, ut ens dependens et ut ens absolutum, ut ens posterius et ut ens prius, ut ens mutabile et ut ens immutabile, ut ens simplex et ut ens compositum : « cum priuationes et defectus nullatenus possint cognosci nisi per positiones », non uenit intellectus noster ut plene resoluens intellectum alicuius entium creatorum, nisi iuuetur ab intellectu entis purissimi, actualissimi, completissimi et absoluti ; quod est ens simpliciter et aeternum, in quo sunt rationes omnium in sua puritate. Quomodo autem sciret intellectus, hoc esse ens defectiuum et incompletum, si nullam haberet cognitionem entis absque omni defectu? Et sic de aliis conditionibus praelibatis.

Intellectum autem propositionum tunc intellectus dicitur ueraciter comprehendere, cum certitudinaliter scit, illas ueras esse; et de hoc scire est scire, quoniam non potest falli in illa comprehensione. Scit enim, quod ueritas illa non potest aliter se habere ; scit igitur, illam ueritatem esse incommutabilem. Sed cum ipsa mens nostra sit commutabilis, illam sic incommutabiliter relucentem non potest uidere nisi per aliquam lucem omnino incommutabiliter radiantem, quam impossibile est esse

comme ce qui est en puissance ou comme ce qui est en acte, comme ce qui est sous quelque rapport ou comme comme ce qui est simplement, comme ce qui est partiel ou comme comme ce qui est entier, comme ce qui est passager ou comme ce qui est permanent, comme ce qui est par un autre ou comme ce qui est par soi, comme ce qui est mêlé de non-être ou comme ce qui est pur, comme ce qui est dépendant ou comme ce qui est absolu, comme ce qui est dérivé ou comme ce qui est premier, comme ce qui est muable ou comme ce qui est immuable, comme ce qui est simple ou comme ce qui est composé. Comme « les privations et les manques ne peuvent aucunement être connus sinon par les affirmations [1] », notre intellect n'arrive pas à résoudre* pleinement le sens de l'un des êtres créés, s'il n'est aidé par le sens de ce qui est très pur, très actuel, très complet et absolu ce qui est simple et éternel, en qui sont les raisons de toutes choses en leur pureté. Or comment l'intellect saurait-il que c'est déficient et incomplet s'il n'avait aucune connaissance de ce qui est sans aucun défaut ? Et ainsi pour les autres conditions examinées.

Or on dit que l'intellect comprend avec véracité le sens des propositions lorsqu'il sait avec certitude que celles-ci sont vraies. Et savoir cela, c'est savoir, | parce qu'il ne peut **304b** se tromper dans cette compréhension. En effet, il sait que cette vérité ne peut pas être disposée autrement ; il sait donc que cette vérité est immuable. Mais comme notre esprit est lui-même muable, il ne peut voir celle-ci briller immuablement si ce n'est par quelque lumière rayonnant de manière tout à fait immuable, [et] qui ne peut pas être

---

1. Averroès, *Grand commentaire sur le traité de l'âme*, III, t. 25 (p. 412 dans l'édition de F. S. Crawford, Carthage, Académie Beït Al-Hikma, 1997).

creaturam mutabilem. Scit igitur in illa luce, *quae illuminet omnem hominem uenientem in hunc mundum, quae est lux uera et Verbum in principio apud Deum.*

Intellectum uero illationis tunc ueraciter percipit noster intellectus, quando uidet, quod conclusio necessario sequitur ex praemissis ; quod non solum uidet in terminis necessariis, uerum etiam in contingentibus, ut : si homo currit, homo mouetur. Hanc autem necessariam habitudinem percipit non solum in rebus entibus, uerum etiam in non-entibus. Sicut enim, homine existente, sequitur : si homo currit, homo mouetur ; sic etiam, non-existente. Huiusmodi igitur illationis necessitas non uenit ab existentia rei in materia, quia est contingens, nec ab existentia rei in anima, quia tunc esset fictio, si non esset in re : uenit igitur ab exemplaritate in arte aeterna, secundum quam res habent aptitudinem et habitudinem ad inuicem secundum illius aeternae artis repraesentationem. « Omnis igitur, ut dicit Augustinus de Vera Religione, uere ratiocinantis lumen accenditur ab illa ueritate et ad ipsam nititur peruenire ». – Ex quo manifeste apparet, quod coniunctus sit intellectus noster ipsi aeternae ueritati, dum non nisi per illam docentem nihil uerum potest certitudinaliter capere.

une créature muable. Il sait donc dans cette *lumière qui illumine tout homme venant en ce monde, qui est la vraie lumière et le Verbe auprès de Dieu au commencement* (Jn 1, 1 ; 1, 9).

Notre intellect perçoit finalement avec véracité le sens (*intellectum*) de l'inférence quand il voit que la conclusion s'ensuit nécessairement des prémisses, qu'il voit cela non seulement dans les termes nécessaires, mais aussi dans les termes contingents, par exemple : « si un homme court, un homme se meut ». En effet, il perçoit cette disposition nécessaire non seulement dans les choses qui ont l'être mais aussi dans celles qui ne l'ont pas. En effet, de même que, l'homme existant, il s'ensuit : « si l'homme court, l'homme se meut », de même en va-t-il s'il n'existe pas [1]. La nécessité d'une telle inférence ne vient donc pas de l'existence de la chose dans la matière, puisqu'elle est contingente, ni de l'existence de la chose dans l'âme car ce serait une fiction si elle n'était pas en réalité : elle vient donc de l'exemplarité dans l'art éternel, selon laquelle les choses ont une aptitude et une disposition l'une à l'égard de l'autre selon la représentation de cet art éternel. C'est ce que dit Augustin dans *La vraie religion* : « La lumière de quiconque raisonne vraiment s'allume à cette vérité et s'efforce de parvenir jusqu'à elle [2] ». Dès lors, il apparaît manifestement que notre intellect est uni à la vérité éternelle elle-même, puisqu'il ne peut rien saisir de vrai avec certitude si celle-ci ne le lui enseigne pas.

---

1. Sur la thèse dite de « l'indifférence de l'essence », voir Avicenne, *Liber de philosophia prima sive scientia divina (Avicenna latinus)*, tract. I, cap. 5, éd. van Riet, Louvain-Leiden, Peeters-Brill, 1977, p. 34-35.
2. Saint Augustin, *La vraie religion*, 39, 72 (BA 8, 19).

Videre igitur per te potes ueritatem, quae te docet, si te concupiscentiae et phantasmata non impediant et se tanquam nubes inter te et ueritatis radium non interponant.

4. Operatio autem uirtutis electiuae attenditur in consilio, iudicio et desiderio. – Consilium autem est in inquirendo, quid sit melius, hoc an illud. Sed melius non dicitur nisi per accessum ad optimum ; accesus autem est secundum maiorem assimilationem : nullus ergo scit, utrum hoc sit illo melius, nisi sciat, illud optimo magis assimilari. Nullus autem | scit, aliquid alii magis assimilari, nisi illud cognoscat ; non enim scio, hunc esse similem Petro, nisi sciam uel cognoscam Petrum : omni igitur consilianti necessario est impressa notio summi boni. – Iudicium autem certum de consiliabilibus est per aliquam legem. Nullus autem certitudinaliter iudicat per legem, nisi certus sit, quod illa lex recta est, et quod ipsam iudicare non debet ; sed mens nostra iudicat de se ipsa : cum igitur non possit iudicare de lege, per quam iudicat ; lex illa superior est mente nostra, et per hanc iudicat, secundum quod sibi impressa est. Nihil autem est superius mente humana, nisi solus ille qui fecit eam : igitur in iudicando deliberatiua nostra pertingit ad diuinas leges, si plena resolutione dissoluat. – Desiderium autem principaliter est illius quod maxime ipsum mouet. Maxime autem mouet quod maxime amatur ; maxime autem amatur esse beatum ; beatum autem esse non habetur nisi per optimum et finem ultimum :   nihil igitur appetit humanum desiderium nisi quia summum bonum,

305a

C'est donc par toi que tu peux voir la vérité qui t'enseigne, si les concupiscences et les images (*phantasmata*) ne t'en empêchent pas, et si elles ne s'interposent pas comme des nuages entre toi et le rayon de la vérité.

4. Quant à l'opération de la puissance élective, elle se remarque dans la délibération, le jugement et le désir. – La délibération consiste, en effet, à chercher ce qui est mieux, ceci ou cela. Mais on ne peut parler de mieux sinon par accès au meilleur ; l'accès se fait, en effet, en vertu d'une plus grande ressemblance : personne ne sait donc si ceci est mieux que cela, s'il ne sait pas que cela ressemble davantage au meilleur. Mais personne | ne sait **305a** que quelque chose ressemble davantage à une autre chose s'il ne connaît pas cette autre chose. En effet, je ne sais pas que celui-là est semblable à Pierre si je ne sais pas qui est Pierre ou si je ne le connais pas : la notion imprimée de bien suprême est donc nécessaire à quiconque délibère. – Le jugement au sujet des délibérations tient son caractère certain de quelque loi. Or nul ne juge avec certitude au moyen d'une loi, s'il n'est pas certain que cette loi est droite et qu'il ne doit pas la juger. Mais notre esprit juge de lui-même : comme il ne peut juger de la loi par laquelle il juge, cette loi est supérieure à notre esprit et il juge par elle selon qu'elle est imprimée en lui. Or rien n'est supérieur à l'esprit humain sinon celui qui l'a fait. Donc, en jugeant, notre [puissance] délibérative atteint les lois divines si elle résout par une pleine résolution. – Le désir porte principalement sur ce qui le met le plus en mouvement. Or ce qui est le plus aimé est ce qui meut le plus. Et ce qui est le plus aimé c'est d'être heureux. Or on n'obtient le bonheur que par le meilleur et par la fin ultime. Le désir humain ne désire donc rien d'autre que le bien suprême,

uel quia est ad illud, uel quia habet aliquam effigiem illius. Tanta est uis summi boni, ut nihil nisi per illius desiderium a creatura possit amari, quae tunc fallitur et errat, cum effigiem et simulacrum pro ueritate acceptat.

Vide igitur, quomodo anima Deo est propinqua, et quomodo memoria in aeternitatem, intelligentia in ueritatem, electiua potentia ducit in bonitatem summam secundum operationes suas.

5. Secundum autem harum potentiarum ordinem et originem et habitudinem ducit in ipsam beatissimam Trinitatem. – Nam ex memoria oritur intelligentia ut ipsius proles, quia tunc intelligimus, cum similitudo, quae est in memoria, resultat in acie intellectus, quae nihil aliud est quam uerbum ; ex memoria et intelligentia spiratur amor tanquam nexus amborum. Haec tria, scilicet mens generans, uerbum et amor, sunt in anima quoad memoriam, intelligentiam et uoluntatem, quae sunt consubstantiales, coequales et coaeuae, se inuicem circumincedentes. Si igitur Deus perfectus est spiritus, habet memoriam, intelligentiam et uoluntatem, habet et Verbum genitum et Amorem spiratum, qui necessario distinguuntur, cum unus ab altero producatur, **305b** | non essentialiter, non accidentaliter, ergo personaliter. Dum igitur mens se ipsam considerat, per se tanquam per speculum consurgit ad speculandam Trinitatem beatam, Patris, Verbi et Amoris, trium personarum coaeternarum, coaequalium et consubstantialium, ita quod quilibet in quolibet est aliorum, unus tamen non est alius, sed ipsi tres sunt unus Deus.

ou quelque chose qui y mène, ou quelque chose qui en
porte l'effigie. La force du bien suprême est si grande que
la créature – elle qui se trompe et s'égare lorsqu'elle prend
l'effigie et le simulacre pour la vérité – ne peut aimer une
chose que par le désir qu'elle a de lui.

Vois donc comme l'âme est proche de Dieu et comment
la mémoire conduit jusqu'à l'éternité, l'intelligence jusqu'à
la vérité et la puissance élective jusqu'à la bonté suprême
selon leurs opérations.

5. Selon l'ordre, l'origine et la disposition de ces
puissances, l'âme conduit donc jusqu'en la bienheureuse
Trinité. En effet, de la mémoire sort l'intelligence comme
sa progéniture parce que nous comprenons [quelque chose]
lorsque la ressemblance, qui est dans la mémoire, rejaillit
dans la pointe de l'intellect, qui n'est autre que le verbe*.
À partir de la mémoire et de l'intelligence est spiré l'amour
comme lien des deux. Ces trois choses, à savoir l'esprit
qui engendre, le verbe et l'amour, sont dans l'âme selon
la mémoire, l'intelligence et la volonté, qui sont consubstantielles, coégales et contemporaines, en circumincession*
réciproque. Si donc Dieu est esprit parfait, il a une mémoire,
une intelligence et une volonté, il a un Verbe engendré et
un Amour spiré, qui sont nécessairement distingués puisque
l'un est produit à partir de l'autre | non pas essentiellement   **305b**
ni accidentellement mais personnellement.

Lors donc que l'esprit se considère lui-même, il s'élève
par lui-même comme par un miroir à la spéculation de la
Trinité bienheureuse du Père, du Verbe et de l'Amour, des
trois personnes coéternelles, coégales et consubstantielles,
de sorte que chacun est en chacun des autres, que l'un n'est
pourtant pas l'autre, mais que les trois sont eux-mêmes un
seul Dieu.

6. Ad hanc speculationem, quam habet anima de suo principio trino et uno per trinitatem suarum potentiarum, per quas est imago Dei, iuuatur per lumina scientiarum, quae ipsam perficiunt et informant et Trinitatem beatissimam tripliciter repraesentant. – Nam omnis philosophia aut est naturalis, aut rationalis, aut moralis. Prima agit de causa essendi, et ideo ducit in potentiam Patris; secunda de ratione intelligendi, et ideo ducit in sapientiam Verbi; tertia de ordine uiuendi, et ideo ducit in bonitatem Spiritus sancti. Rursus, prima diuiditur in metaphysicam, mathematicam et physicam. Et prima est de rerum essentiis, secunda de numeris et figuris, tertia de naturis, uirtutibus et operationibus diffusiuis. Et ideo prima in primum principium, Patrem, secunda in ejus imaginem, Filium, tertia ducit in Spiritus sancti donum. Secunda diuiditur in grammaticam, quae facit potentes ad exprimendum; in logicam, quae facit perspicaces ad arguendum; in rhetoricam, quae facit habiles ad persuadendum siue mouendum. Et hoc similiter insinuat mysterium ipsius beatissimae Trinitatis. Tertia diuiditur in monasticam, oeconomicam et politicam. Et ideo prima insinuat primi principii innascibilitatem, secunda Filii familiaritatem, tertia Spiritus sancti liberalitatem.

7. Omnes autem hae scientiae habent regulas certas et infallibiles tanquam lumina et radios descendentes a lege aeterna in mentem nostram. Et ideo mens nostra tantis splendoribus irradiata et superfusa nisi sit caeca, manuduci potest per semetipsam ad contemplandam illam lucem aeternam. Huius autem lucis irradiatio

6. Pour cette spéculation que l'âme a de son principe trine et un, par la trinité de ses puissances, par lesquelles elle est image de Dieu, elle est aidée par les lumières des sciences qui la perfectionnent, l'informent et représentent triplement la bienheureuse Trinité. En effet, toute philosophie est soit naturelle, soit rationnelle, soit morale. La première s'occupe de la cause de ce qui existe, et c'est pourquoi elle conduit à la puissance du Père ; la seconde s'occupe de la raison du connaître, et c'est pourquoi elle conduit à la sagesse du Verbe ; la troisième s'occupe de l'ordre du vivre, et c'est pourquoi elle conduit à la bonté du Saint-Esprit. De plus, la première se divise en métaphysique, mathématique et physique. Et la première porte sur l'essence des choses, la seconde sur les nombres et les figures, la troisième sur les natures, les vertus et les opérations diffusives. Et c'est pourquoi la première conduit au premier principe, le Père, la seconde à son image, le Fils, la troisième au don du Saint-Esprit.

La seconde se divise en grammaire, qui rend capable d'exprimer ; en logique, qui rend perspicace pour argumenter ; en rhétorique, qui rend habile pour persuader ou émouvoir. Et cela indique pareillement le mystère de la bienheureuse Trinité elle-même. La troisième se divise en individuelle, économique et politique. Et ainsi la première indique l'innascibilité* du premier principe, la seconde la familiarité du Fils, la troisième la libéralité* de l'Esprit Saint.

7. Or toutes ces sciences ont des règles certaines et infaillibles comme des lumières et des rayons descendant de la loi éternelle en notre esprit. Et ainsi notre esprit rayonnant des splendides lumières dont il est inondé, s'il n'est pas aveugle, peut être conduit par lui-même à contempler cette lumière éternelle. Le rayonnement de

et consideratio sapientes suspendit in admirationem et
306a econtra insipientes, qui non | credunt, ut intelligant, ducit
in perturbationem, ut impleatur illud propheticum :
*illuminans tu mirabiliter a montibus aeternis, turbati sunt
omnes insipientes.*

cette lumière et sa considération saisissent d'admiration les sages et, au contraire, conduisent à la perturbation les insensés, qui ne | croient pas afin de comprendre [1], de sorte que s'accomplisse cette prophétie : *Tu as fait brillé une lumière du haut des montagnes éternelles, et tous les insensés ont été troublés* (Ps 75, 5).

306a

---

1. Voir saint Anselme, *Proslogion*, préambule : « fides quaerens intellectum » est le sous-titre de l'ouvrage.

CAPITULUM IV

DE SPECULATIONE DEI IN SUA IMAGINE DONIS GRATUITIS REFORMATA

1. Sed quoniam non solum per nos transeundo, uerum etiam in nobis contingit contemplari primum principium; et hoc maius est quam praecedens : ideo hic modus considerandi quartum obtinet contemplationis gradum. Mirum autem uidetur, cum ostensum sit, quod Deus sit ita propinquus mentibus nostris, quod tam paucorum est in se ipsis primum principium speculari. Sed ratio est in promptu, quia mens humana, sollicitudinibus distracta, non intrat ad se per memoriam; phantasmatibus obnubilata, non redit ad se per intelligentiam; concupiscentiis illecta, ad se ipsam nequaquam reuertitur per desiderium suauitatis internae et laetitiae spiritualis. Ideo totaliter in his sensibilibus iacens, non potestas se tanquam ad Dei imaginem reintrare.

2. Et quoniam, ubi quis ceciderit, necesse habet ibidem recumbere, nisi apponat quis et *adiiciat, ut resurgat*; non potuit anima nostra perfecte ab his sensibilibus releuari ad contuitum sui et aeternae Veritatis

CHAPITRE IV

DE LA SPÉCULATION DE DIEU
DANS SON IMAGE RÉFORMÉE
PAR LES DONS GRATUITS

1. Comme il nous arrive de contempler le premier principe non seulement en passant par nous mais aussi en nous – ce qui est chose plus grande que la précédente – cette façon de le considérer se situe au quatrième degré de la contemplation. Or il semble étonnant que Dieu soit, comme on l'a montré, si proche de nos esprits [et] qu'il y en ait si peu à spéculer en eux-mêmes le principe premier. Mais la raison, nous l'avons sous la main, car l'esprit humain distrait par les soucis n'entre pas en lui-même par la mémoire ; obnubilé par les images, il ne revient pas en lui-même par l'intelligence ; attiré par les concupiscences, il ne revient jamais à lui-même par le désir de la suavité intérieure et de la joie spirituelle. C'est pourquoi, gisant totalement dans les réalités sensibles, il ne peut rentrer en lui-même en tant qu'image de Dieu.

2. Et comme il est nécessaire que chacun demeure là-même où il est tombé si personne ne se tient près de lui et ne *l'aide à se relever* (Is 24, 20), notre âme n'a pas pu être parfaitement relevée de ces réalités sensibles vers la contuition* d'elle-même et de la vérité éternelle

in se ipsa, nisi Veritas, assumta forma humana in Christo, fieret sibi scala reparans priorem scalam, quae fracta fuerat in Adam. Ideo, quantumcumque sit illuminatus quis lumine naturae et scientiae acquisitae, non potest intrare in se, ut in se ipso *delectetur in Domino*, nisi mediante Christo, qui dicit : *Ego sum ostium. Per me si quis introierit, saluabitur et ingredietur et egredietur et pascua inueniet.* Ad hoc autem ostium non appropinquamus, nisi in ipsum credamus, speremus et amemus. Necesse est igitur, si reintrare uolumus ad fruitionem Veritatis tanquam | ad paradisum, quod ingrediamur per fidem, spem et caritatem *mediatoris Dei et hominum Jesu Christi* qui est tanquam *lignum uitae in medio paradisi.*

306b

3. Superuestienda est igitur imago mentis nostrae tribus uirtutibus theologicis, quibus anima purificatur, illuminatur et perficitur, et sic imago reformatur et conformis supernae Ierusalem efficitur et pars Ecclesiae militantis, quae est proles, secundum Apostolum, Ierusalem caelestis. Ait enim : *Illa quae sursum est Ierusalem libera est, quae est mater nostra.* – Anima igitur credens, sperans et amans Jesum Christum, qui est Verbum incarnatum, increatum et inspiratum, scilicet *uia, ueritas et uita* ; dum per fidem credit in Christum tanquam in Verbum increatum, quod est *Uerbum et splendor Patris*, recuperat spiritualem auditum et uisum, auditum ad suscipiendum Christi sermones, uisum ad considerandum illius lucis splendores. Dum autem spe suspirat ad suscipiendum Verbum inspiratum, per desiderium et affectum

en elle-même sans que la Vérité, ayant assumée une forme humaine dans le Christ, ne se soit faite pour elle une échelle réparant l'échelle antérieure, qui avait été cassée en Adam. Voilà pourquoi, si illuminé qu'il soit par la lumière de la nature et de la science acquise, nul ne peut entrer en soi de telle sorte qu'en lui-même, *il se délecte dans le Seigneur* (Ps 36 , 4), si ce n'est par la médiation du Christ qui a dit : *Moi, je suis la porte. Si quelqu'un entre par moi, il sera sauvé, il entrera et sortira, et il trouvera des pâturages* (Jn 10, 9). Or nous n'approchons pas de cette porte si nous ne croyons pas en lui, ne l'espérons pas et ne l'aimons pas. Si donc nous voulons accéder de nouveau à la fruition de la vérité comme | au paradis, il nous faut nécessairement entrer par **306b** la foi, l'espérance et la charité de *Jésus Christ le médiateur de Dieu et des hommes* (1 Tm 2, 5) qui est comme *l'arbre de vie au milieu du paradis* (Gn 2, 9).

3. L'image de notre esprit doit donc être revêtue des trois vertus* théologales par lesquelles l'âme est purifiée, illuminée et rendue parfaite, et c'est ainsi que l'image est réformée et rendue conforme à la Jérusalem d'en-haut et fait partie de l'Église militante, qui est, aux dires de l'Apôtre, la progéniture de la Jérusalem céleste. Il dit en effet : *Celle qui est la Jérusalem d'en-haut est libre, elle qui est notre mère* (Ga 4, 26). – Lors donc que l'âme qui croit, espère et aime Jésus Christ – qui est le Verbe* incarné, incréé et inspiré, c'est-à-dire *la voie, la vérité et la vie* (Jn 14, 6) – croit par la foi dans le Christ comme au Verbe incréé, qui est le *Verbe et la splendeur du Père* (Jn 1, 1 ; He 1, 3), elle récupère l'ouïe et la vue spirituelles, l'ouïe pour recevoir les paroles du Christ, la vue pour considérer les splendeurs de sa lumière. Dès lors que, par l'espérance, elle soupire pour recevoir le Verbe inspiré par le désir et l'affection,

recuperat spiritualem olfactum. Dum caritate complectitur
Verbum incarnatum, ut suscipiens ab ipso delectationem
et ut transiens in illud per ecstaticum amorem, recuperat
gustum et tactum. Quibus sensibus recuperatis, dum
sponsum suum uidet et audit, odoratur, gustat et amplexatur,
decantare potest tanquam sponsa Canticum canticorum,
quod factum fuit ad exercitium contemplationis secundum
hunc quartum gradum, quem *nemo capit, nisi qui accipit*,
quia magis est in experientia affectuali quam in consideratione rationali. In hoc namque gradu, reparatis sensibus
interioribus ad sentiendum summe pulcrum, audiendum
summe harmonicum, odorandum summe odoriferum,
degustandum summe suaue, apprehendendum summe
delectabile, disponitur anima ad mentales excessus, scilicet
per deuotionem, admirationem et exsultationem, secundum
illas tres exclamationes, quae fiunt in Canticis canticorum.
Quarum prima fit per abundantiam deuotionis, per quam
fit anima *sicut uirgula fumi ex aromatibus myrrhae et
thuris* ; secunda per excellentiam admirationis, per | quam
fit anima *sicut aurora, luna et sol*, secundum processum
illuminationum suspendentium animam ad admirandum
sponsum consideratum ; tertia per superabundantiam
exsultationis, per quam fit anima suauissimae delectationis
deliciis affluens, innixa totaliter *super dilectum suum*.

307a

elle récupère l'odorat spirituel. Dès lors que, par la charité, elle embrasse le Verbe incarné au point de recevoir de lui la délectation et de passer en lui par un amour extatique, elle récupère le goût et le toucher. Une fois ces sens* récupérés, lorsqu'elle voit, entend, sent, goûte, et embrasse son époux, elle peut chanter en tant qu'épouse le *Cantique des Cantiques*, qui a été fait pour l'exercice de la contemplation selon ce quatrième degré, que *personne ne saisit s'il ne l'a pas reçu* (Ap 2, 17), car il est plus dans l'expérience affective que dans la considération rationnelle. Dans ce degré, en effet, les sens intérieurs ayant été réparés pour percevoir le beau suprême, pour entendre l'harmonique suprême, pour sentir l'odoriférant[1] suprême, pour goûter le suave suprême, pour appréhender le délectable suprême, l'âme est disposée aux extases de l'esprit par la dévotion, par l'admiration et par l'exultation, selon les trois exclamations qui figurent dans le *Cantique des Cantiques*. La première consiste dans l'abondance de la dévotion, par laquelle l'âme devient comme *une colonne de fumée aromatique de myrrhe et d'encens* (Ct 3, 6). La seconde consiste dans l'excellence de l'admiration par laquelle | l'âme devient comme l'*aurore, la lune et le soleil* (Ct 6, 9),   **307a** selon le processus des illuminations qui suspendent* l'âme pour admirer l'époux qu'elle regarde[2]. La troisième consiste dans la surabondance de l'exultation par laquelle l'âme est abondamment *pourvue par les délices* d'une délectation très suave, totalement *appuyée sur son bien aimé* (Ct 8, 5).

---

1. Voir François d'Assise, *Lettre à tous les fidèles*, § 2, dans J. Dalarun (éd.), *François d'Assise, op. cit.*, tome I, p. 343.
    2. Voir *Collationes in Hexaëmeron*, XX, 11 (V, 427).

4. Quibus adeptis, efficitur spiritus noster hierarchicus ad conscendendum sursum secundum conformitatem ad illam Ierusalem supernam, in quam nemo intrat, *nisi prius* per gratiam *ipsa* in cor *descendat*, sicut uidit Ioannes in Apocalypsi sua. Tunc autem in cor descendit, quando per reformationem imaginis, per uirtutes theologicas et per oblectationes spiritualium sensuum et suspensiones excessuum efficitur spiritus noster hierarchicus, scilicet purgatus, illuminatus et perfectus. – Sic etiam gradibus nouem ordinum insignitur, dum ordinate in eo interius disponitur nuntiatio, dictatio, ductio, ordinatio, roboratio, imperatio, susceptio, reuelatio, unctio, quae gradatim correspondent nouem ordinibus Angelorum, ita quod primi trium praedictorum gradus respiciunt in mente humana naturam, tres sequentes industriam, et tres postremi gratiam. Quibus habitis, anima intrando in se ipsam, intrat in supernam Ierusalem, ubi ordines Angelorum considerans, uidet in eis Deum, qui habitans in eis omnes eorum operatur operationes. Unde dicit Bernardus ad Eugenium, quod « Deus in Seraphim amat ut caritas, in Cherubim nouit ut ueritas, in Thronis sedet ut aequitas, in Dominationibus dominatur ut maiestas, in Principatibus regit ut principium, in Potestatibus tuetur ut salus, in Virtutibus operatur ut uirtus, in Archangelis reuelat ut lux, in Angelis assistit ut pietas ». Ex quibus omnibus uidetur *Deus omnia in omnibus* per contemplationem ipsius in mentibus, in quibus habitat per dona affluentissimae caritatis.

4. Ces choses étant acquises, notre esprit devient hiérarchique* pour monter plus haut dans la conformité à cette Jérusalem d'en-haut, dans laquelle personne n'entre *si elle-même ne descend d'abord* (Ap 21, 2), par la grâce, dans le cœur, comme l'a vu Jean dans son *Apocalypse*. Or elle descend dans le cœur lorsque par la réformation de l'image, au moyen des vertus théologales, de la jouissance des sens spirituels* et des ravissements extatiques, notre esprit devient hiérarchique*, c'est-à-dire purifié, illuminé et parfait. Il reçoit aussi la marque des neuf degrés des ordres [angéliques] lorsqu'en lui, de manière ordonnée, sont intérieurement disposées l'annonce, la dictée, la conduite, l'ordination, la confortation, le commandement, la réception, la révélation et l'onction, qui correspondent, degré par degré, aux neuf ordres des anges. Ainsi, les trois premiers degrés se rapportent, dans l'esprit humain, à la nature, les trois suivants à l'industrie humaine et les trois derniers à la grâce. Ceux-ci étant acquis, l'âme qui entre en elle-même entre dans la Jérusalem d'en-haut, où, considérant les ordres des anges, elle voit en eux Dieu qui habite en eux et y opère toutes leurs opérations. C'est pourquoi Bernard dit à Eugène que « Dieu aime dans les Séraphins comme charité, connaît dans les Chérubins comme vérité, siège dans les Trônes comme équité, domine dans les Dominations comme majesté, régit dans les Principautés comme principe, protège dans les Puissances comme salut, opère dans les Vertus comme force, révèle dans les Archanges comme lumière, assiste dans les Anges comme piété [1]. » À partir de toutes ces choses, il apparaît que Dieu est *tout en tous* (1 Co 15, 28), lui qui est contemplé dans les esprits où il habite par les dons d'une charité très abondante.

1. Saint Bernard de Clairvaux, *De la considération*, V, 5, 12.

5. Ad huius autem speculationis gradum specialiter et praecipue adminiculatur consideratio sacrae Scripturae diuinitus immissae, sicut philosophia ad praecedentem. Sacra enim Scriptura principaliter est de operibus reparationis. Unde et ipsa praecipue agit de fide, spe et caritate, per quas uirtutes habet anima reformari, et specialissime de caritate. De qua dicit Apostolus, quod est

307b   *finis praecepti* secundum quod | est *de corde puro et conscientia bona et fide non ficta.* Ipsa est *plenitudo legis,* ut dicit idem. Et Saluator noster asserit, *totam Legem Prophetasque pendere in duobus praeceptis* eiusdem, scilicet dilectione Dei et proximi; quae duo innuuntur in uno sponso Ecclesiae Iesus Christo, qui simul est proximus et Deus, simul frater et dominus, simul etiam rex et amicus, simul Verbum increatum et incarnatum, formator noster et reformator, ut *alpha et omega*; qui etiam summus hierarcha est, purgans et illluminans et perficiens sponsam, scilicet totam Ecclesiam et quamlibet animam sanctam.

6. De hoc igitur hierarcha et ecclesiastica hierarchia est tota sacra Scriptura, per quam docemur purgari, illuminari et perfici, et hoc secundum triplicem legem in ea traditam, scilicet naturae, Scripturae et gratiae; uel potius secundum triplicem partem eius principalem, legem scilicet Moysaicam purgantem, reuelationem propheticam illustrantem et eruditionem euangelicam perficientem; uel potissimum secundum triplicem eius intelligentiam spiritualem : tropologicam, quae purgat ad honestatem

5. En ce degré de spéculation, la considération de l'Écriture sainte, divinement envoyée d'en-haut, est l'aide spéciale et principale, tout comme l'était la philosophie au degré précédent. En effet, l'Écriture sainte a comme sujet principal les œuvres de réparation. Voilà pourquoi elle traite principalement de la foi, de l'espérance et de la charité – vertus par lesquelles l'âme doit être réformée – et tout spécialement de la charité. Parlant de celle-ci, l'Apôtre dit qu'elle est *la fin du précepte*, dans la mesure où elle *vient d'un cœur pur, d'une bonne conscience et d'une foi non feinte* (1 Tm 1, 5). Elle est, comme il le dit aussi, la *plénitude de la Loi* (Rm 13, 10). Et notre Sauveur assure que *toute la Loi et les Prophètes consistent dans les deux préceptes* (Mt 22, 40) de la charité, à savoir l'amour de Dieu et du prochain. Tous deux s'expriment en l'unique époux de l'Église, Jésus-Christ, qui est en même temps le prochain et Dieu, en même temps frère et Seigneur, en même temps roi et ami, en même temps Verbe incréé et incarné, notre formateur et réformateur en tant qu'*alpha et oméga* (Ap 1, 8 ; 21, 6 ; 22, 13). Il est aussi le hiérarque* suprême, qui purifie, illumine et rend parfaite l'épouse, à savoir l'Église tout entière et n'importe quelle âme sainte.

6. Ce hiérarque et la hiérarchie ecclésiastique sont l'objet de toute l'Écriture sainte, par laquelle on nous enseigne à être purifiés, illuminés et parfaits, et cela selon la triple loi transmise en elle, à savoir la loi de la nature, celle de l'Écriture et celle de la grâce. Ou plutôt selon la triple partition principale de l'Écriture, à savoir la loi mosaïque qui purifie, la révélation prophétique qui illumine et l'instruction évangélique qui perfectionne. Ou mieux encore : selon la triple intelligence spirituelle [de l'Écriture] – la tropologique, qui purifie en vue de l'honnêteté

uitae ; allegoricam, quae illluminat ad claritatem intelligentiae ; anagogicam, quae perficit per excessus mentales
et sapientiae perceptiones suauissimas, secundum uirtutes
praedictas tres theologicas et sensus spirituales reformatos
et excessus tres supradictos et actus mentis hierarchicos,
quibus ad interiora regreditur mens nostra, ut ibidem
speculetur Deum *in splendoribus Sanctorum* et in eisdem
tanquam in cubilibus *dormiat in pace et requiescat*, sponso
adiurante, quod non excitetur, donec de eius uoluntate
procedat.

7. Ex his autem duobus gradibus mediis, per quos
ingredimur ad contemplandum Deum intra nos tanquam
in speculis imaginum creatarum, et hoc quasi ad modum
alarum expansarum ad uolandum, quae tenebant *medium
locum*, intelligere possumus, quod in diuina manuducimur
per ipsius animae rationalis potentias naturaliter insitas
quantum ad earum operationes, habitudines et habitus
scientiales, secundum quod apparet ex tertio gradu.
– Manuducimur etiam per ipsius animae potentias
reformatas, et hoc gratuitis uirtutibus, sensibus spiritualibus
308a   et mentalibus excessibus ; sicut patet ex | quarto.
Manuducimur nihilominus per hierarchicas operationes,
scilicet purgationis, illluminationis et perfectionis mentium
humanarum, per hierarchicas reuelationes sacrarum
Scripturarum nobis per Angelos datarum, secundum
illud Apostoli, quod Lex data est *per Angelos in manu*

de la vie ; l'allégorique, qui illumine en vue de la clarté de l'intelligence ; l'anagogique, qui rend parfait par les extases de l'esprit et les très suaves perceptions de la sagesse –, selon les trois vertus théologales susdites, les sens spirituels reformés, les trois extases susdits et les actes hiérarchiques de l'esprit par lesquels notre esprit rentre en son intérieur pour que Dieu y soit spéculé *dans les splendeurs des saints* (Ps 109, 3). Et en ceux-ci comme en des chambres à coucher, *elle dort en paix et se repose* (Ps 4, 9), suppliant l'époux qu'on ne la réveille pas jusqu'à ce que cela vienne de sa volonté à elle (*cf.* Ct 2, 7).

7. À partir de ces deux degrés intermédiaires, par lesquels nous commençons à contempler Dieu à l'intérieur de nous comme en des miroirs d'images créées, et cela à la manière des ailes déployées pour voler qui tenaient le *lieu médian* (Is 6, 2), nous pouvons comprendre que nous sommes pris par la main et conduits jusque dans les réalités divines par les puissances naturellement implantées dans l'âme raisonnable quant à leurs opérations, habitudes et dispositions scientifiques, comme cela est manifeste à partir du troisième degré. Nous sommes également pris par la main et conduits par les puissances de l'âme gratuitement réformées par les vertus, les sens spirituels et les extases de l'esprit, comme cela est évident à partir du | quatrième degré. Nous ne sommes pas moins pris par **308a** la main et conduits par les opérations hiérarchiques, à savoir celles de la purification, de l'illumination et du perfectionnement des esprits humains, par les révélations hiérarchiques des saintes Écritures qui nous ont été données par les anges, comme l'affirme l'Apôtre disant que la Loi nous a été donnée *par les anges dans la main d'un*

Mediatoris). Et tandem manuducimur per hierarchias et hierarchicos ordines, qui in mente nostra disponi habent ad instar supernae Ierusalem.

8. Quibus omnibus luminibus intellectualibus mens nostra repleta, a diuina Sapientia tanquam domus Dei inhabitatur, effecta Dei filia, sponsa et amica; effecta Christi capitis membrum, soror et coheres; effecta nihilominus Spiritus sancti templum, fundatum per fidem, eleuatum per spem et Deo dedicatum per mentis et corporis sanctitatem. Quod totum facit sincerissima caritas Christi, quae *diffunditur in cordibus nostris per Spiritum sanctum qui datus est nobis*, sine quo Spiritu non possumus scire secreta Dei. Sicut enim quae sunt hominis nemo potest scire *nisi spiritus hominis, qui est in illo; ita et quae sunt Dei nemo scit nisi spiritus Dei*. – In caritate igitur radicemur et fundemur, *ut possimus comprehendere cum omnibus sanctis, quae sit longitudo* aeternitatis, quae *latitudo* liberalitatis, quae *sublimitas* maiestatis et quod *profundum* sapientiae iudicantis.

médiateur (Ga 3, 19). Et enfin nous sommes pris par la main et conduits par les hiérarchies et les ordres hiérarchiques qui doivent être disposés en notre esprit à l'instar de la Jérusalem d'en-haut.

8. La pointe de notre esprit remplie de toutes ces lumières intellectuelles est, en tant que maison de Dieu, habitée par la sagesse divine ; elle devient fille, épouse et amie de Dieu, elle qui est devenue membre, sœur et cohéritière du Christ [notre] tête, elle qui est aussi devenue temple de l'Esprit saint, fondé par la foi, élevé par l'espérance et dédié à Dieu par la sainteté de l'esprit et du corps. C'est la très pure charité du Christ qui fait tout cela, elle qui *est répandue dans nos cœurs par l'Esprit saint qui nous a été donné* (Rm 5, 5), Esprit sans lequel nous ne pouvons pas connaître les secrets de Dieu. De même en effet que personne ne peut savoir *ce qui est de l'homme sinon l'esprit de l'homme qui est en lui, de même aussi ce qui est de Dieu, personne ne le sait sinon l'esprit de Dieu* (1 Co 2, 11). Enracinons-nous donc dans la charité en y plaçant nos fondations, *afin de pouvoir comprendre, avec tous les saints, quelle est la longueur* de l'éternité, *la largesse* de la libéralité, *la sublimité* de la majesté, et *la profondeur* (Ep 3, 18-19) de la sagesse de celui qui juge.

Capitulum V

DE SPECULATIONE DIVINAE UNITATIS PER EIUS NOMEN PRIMARIUM, QUOD EST ESSE

1. Quoniam autem contingit contemplari Deum non solum extra nos et intra nos, uerum etiam supra nos : extra per uestigium, intra per imaginem et supra per lumen quod est *signatum super mentem nostram*, quod est lumen Veritatis aeternae, cum « ipsa mens nostra immediate ab ipsa Veritate formetur » ; qui exercitati sunt in primo modo intrauerunt iam in atrium ante tabernaculum, qui uero in secundo, intrauerunt in sancta ; qui autem | in tertio, intrant cum summo Pontifice in sancta sanctorum ; ubi supra arcam sunt Cherubim gloriae obumbrantia propitiatorium ; per quae intelligimus duos modos seu gradus contemplandi Dei inuisibilia et aeterna, quorum unus uersatur circa essentialia Dei, alius uero circa propria personarum.

308b

CHAPITRE V

DE LA SPÉCULATION DE LA DIVINE UNITÉ PAR SON NOM PREMIER, QUI EST L'ÊTRE

1. Il nous est possible de contempler Dieu non seulement à l'extérieur de nous et en nous, mais aussi au-dessus de nous : à l'extérieur de nous par les vestiges, en nous par l'image et au-dessus de nous par la lumière qui est *empreinte comme un sceau sur notre esprit* (Ps 4, 7), et qui est la lumière de la Vérité éternelle, étant donné que « notre esprit est immédiatement formé par la Vérité elle-même[1]. » Ceux qui se sont exercés au premier mode sont déjà entrés dans la cour devant le tabernacle ; quant à ceux qui se sont exercés au second mode, ils sont entrés dans le Saint. Mais ceux qui s'exercent au troisième mode | entrent avec le **308b** souverain Pontife dans le Saint des saints : là, au-dessus de l'arche, se trouvent les Chérubins de gloire qui couvrent le propitiatoire (Ex 25, 17-22). À travers ces derniers, nous reconnaissons deux modes ou degrés de contemplation des réalités invisibles et éternelles de Dieu, dont l'un porte sur ce qui relève de l'essence en Dieu et l'autre sur ce qui est propre aux personnes.

1. Saint Augustin, *De Trinitate*, XIV, XIV, 20 (BA 16, 398).

2. Primus modus primo et principaliter defigit aspectum in ipsum esse, dicens, quod *qui est* est primum nomen Dei. Secundus modus defigit aspectum in ipsum bonum, dicens, hoc esse primum nomen Dei. Primum spectat potissime ad uetus testamentum, quod maxime praedicat diuinae essentiae unitatem ; unde dictum est Moysi : *Ego sum qui sum* ; secundum ad nouum, quod determinat personarum pluralitatem, baptizando in nomine Patris et Filii et Spiritus sancti. Ideo magister noster Christus, uolens adolescentem, qui seruauerat Legem, ad euangelicam leuare perfectionem, nomen bonitatis Deo principaliter et praecise attribuit : *Nemo, inquit, bonus nisi solus Deus.* Damascenus igitur sequens Moysen dicit, quod *qui est* est primum nomen Dei ; Dionysius sequens Christum dicit, quod *bonum* est primum nomen Dei.

3. Uolens igitur contemplari Dei inuisibilia quoad essentiae unitatem primo defigat aspectum in ipsum esse et uideat, ipsum esse adeo in se certissimum quod non potest cogitari non esse, quia ipsum esse purissimum non occurrit nisi in plena fuga non-esse, sicut et nihil in plena fuga esse. Sicut igitur omnino nihil nihil habet de esse nec de eius conditionibus ; sic econtra ipsum esse nihil habet de non-esse, nec actu nec potentia, nec secundum ueritatem rei nec secundum aestimationem nostram. Cum autem non-esse priuatio essendi, non cadit in intellectum nisi per esse ; esse autem non cadit per aliud, quia omne, quod

2. Le premier mode, en premier lieu et de manière principielle, fixe notre regard sur l'être-même, en disant que *Celui qui est* (Ex 3, 14) est le premier nom de Dieu. Le second mode fixe notre regard sur le bien-même, en disant que cela est le premier nom de Dieu. Le premier mode se rapporte par-dessus tout à l'Ancien Testament, qui affirme surtout l'unité de l'essence divine. C'est pourquoi il est dit à Moïse : *Je suis qui je suis* (Ex 3, 14). Le second mode se rapporte surtout au Nouveau Testament, qui définit la pluralité des personnes en appelant à baptiser *au nom du Père, du Fils et de l'Esprit saint* (Mt 28, 19). Aussi notre maître, le Christ, voulant élever à la perfection évangélique l'adolescent qui avait observé la Loi, attribue à Dieu le nom de bonté de manière principielle et catégorique : *Personne*, dit-il, *n'est bon sinon Dieu seul* (Lc 18, 19). C'est pourquoi Jean de Damas, suivant Moïse, dit que *Celui qui est* est le premier nom de Dieu[1] ; Denys, suivant le Christ, dit que « le bien » est le premier nom de Dieu.

3. Celui donc qui veut contempler les réalités invisibles de Dieu quant à l'unité de l'essence, qu'il fixe d'abord son regard sur l'être-même et qu'il voie que l'être lui-même est si absolument certain en soi qu'on ne peut pas penser qu'il n'est pas. En effet, l'être très pur lui-même ne se trouve que là où le non-être est banni, de même que le néant ne se trouve que là où l'être est banni. Par conséquent, de même que le néant complet n'a rien de l'être ni de ses propriétés, de même, à l'inverse, l'être-même n'a rien du non-être, ni en acte ni en puissance, ni selon la vérité de la chose ni selon notre façon de juger. Or, puisque le non-être est privation d'être, il ne vient dans l'intellect que par l'être ; quant à l'être, il ne vient par rien d'autre puisque

---

1. *La foi orthodoxe*, I, 9.

intelligitur, aut intelligitur ut non ens, aut ut ens in potentia, aut ut ens in actu. Si igitur non ens non potest intelligi nisi per ens, et ens in potentia non nisi per ens in actu ; et esse nominat ipsum purum actum entis : esse igitur est quod primo cadit in intellectu, et illud esse est quod est purus actus. Sed hoc non est esse particulare, quod est esse arctatum, quia permixtum est cum potentia, nec esse analogum, quia minime habet de actu, eo quod minime est. Restat igitur, quod illud esse est esse diuinum.

309a

4. Mira igitur est caecitas intellectus, qui non considerat illud quod prius uidet et sine quo nihil potest cognoscere. Sed sicut oculus intentus in uarias colorum differentias lucem, per quam uidet cetera, non uidet, et si uidet, non aduertit ; sic oculus mentis nostrae, intentus in entia particularia et uniuersalia, ipsum esse extra omne genus, licet primo occurrat menti, et per ipsum alia, tamen non aduertit. Unde uerissime apparet, quod « sicut oculus uespertilionis se habet ad lucem, ita se habet oculus mentis nostrae ad manifestissima naturae » ; quia assuefactus ad tenebras entium et phantasmata sensibilium, cum ipsam lucem summi esse intuetur, uidetur sibi nihil uidere ; non intelligens, quod ipsa caligo summa est mentis nostrae illuminatio, sicut, quando uidet oculus puram lucem, uidetur sibi nihil uidere.

tout ce qui est intelligé est intelligé soit comme ce qui n'est pas, soit comme ce qui est en puissance, soit comme ce qui est en acte. Si donc ce qui n'est pas ne peut être saisi qu'au moyen de ce qui est, et ce qui est en puissance qu'au moyen de ce qui est en acte, et si l'être désigne l'acte pur lui-même de ce qui est, alors l'être est ce qui vient en premier dans l'intellect, et cet être est ce qu'est l'acte pur. Or [cet être pur lui-même] n'existe pas de manière particulière, restreinte, | c'est-à-dire mélangé avec la **309a** puissance, ni de manière analogue, car l'être analogue n'est que de manière minimale parce qu'il n'est en acte que de manière minimale. Il reste donc que cet être est l'être divin.

4. Elle est donc étrange, la cécité de l'intellect qui ne considère pas cela qu'il voit en premier et sans quoi il ne peut rien connaître. Mais comme l'œil attentif aux diverses variétés de couleurs ne voit pas la lumière par laquelle il voit le reste, et s'il la voit ne la remarque pas, de la même manière l'œil de notre esprit[1], attentif aux étants particuliers ou universels, ne remarque pas l'être-même hors de tout genre, bien qu'il se présente le premier à l'esprit, et par lui les autres réalités. Il apparaît donc pleinement vrai que « comme l'œil du hibou se rapporte à la lumière, ainsi l'œil de notre esprit se rapporte aux réalités les plus manifestes de la nature[2] ». En effet, comme il est accoutumé aux ténèbres des étants et aux images des réalités sensibles, lorsqu'il perçoit la lumière-même de l'être suprême, il lui semble ne rien voir, car il ne conçoit pas que cette nuée est l'illumination suprême de notre esprit, tout comme il semble à l'œil ne rien voir quand il voit la pure lumière.

---

1. Hugues de Saint-Victor, *De Sacramentis*, I, 10, 3.
2. Aristote, *Métaphysique* α (II), 1, 493b 10.

5. Uide igitur ipsum purissimum esse, si potes, et occurit tibi, quod ipsum non potest cogitari ut ab alio acceptum; ac per hoc necessario cogitatur ut omnimode primum, quod nec de nihilo nec de aliquo potest esse. Quid enim est per se, si ipsum esse non est per se nec a se? – Occurit etiam tibi ut carens omnino non-esse, ac per hoc ut nunquam incipiens, nunquam desinens, sed aeternum. – Occurit etiam tibi ut nullo modo in se habens, nisi quod est ipsum esse, ac per hoc ut cum nullo compositum, sed simplicissimum. – Occurit tibi ut nihil habens possibilitatis, quia omne possibile aliquo modo habet aliquid de non-esse, ac per hoc ut summe actualissimum – Occurit ut nihil habens defectibilitatis, ac per hoc perfectissimum. – Occurit postremo ut nihil habens diuersificationis, ac per hoc ut summe unum. Esse igitur, quod est esse purum et esse simpliciter et esse absolutum, est esse primarium, aeternum, simplicissimum, actualissimum, perfectissimum et summe unum.

6. Et sunt haec ita certa, quod non potest ab intelligente ipsum esse cogitari horum oppositum, et unum horum necessario infert aliud. Nam quia simpliciter est esse, ideo simpliciter primum; quia simplicer primum, ideo non est ab alio factum, nec a se ipso potuit, ergo aeternum. Item, quia primum et aeternum; ideo non ex aliis, ergo simplicissimum. Item quia primum, aeternum et simplicissimum; ideo nihil est in eo possibilitatis cum actu permixtum, et ideo actualissimum. Item, quia primum, aeternum,

5. Vois donc l'être très pur lui-même, si tu le peux, et il t'apparaîtra que lui-même ne peut être pensé comme reçu d'un autre ; et de ce fait, il est nécessairement pensé comme tout à fait premier, qui ne peut être ni à partir du néant ni à partir de quelque chose. Qu'est-ce, en effet, qui est par soi, si l'être-même n'est pas par soi ni à partir de soi ? – Il t'apparaîtra aussi comme totalement dépourvu de non-être, et par là comme ne commençant jamais, ne finissant jamais, mais comme éternel. – Il t'apparaîtra aussi comme n'ayant rien en soi qui ne soit l'être-même, et par là comme un être non pas composé, mais très simple. – Il t'apparaîtra comme n'ayant rien de la possibilité car tout possible a de quelque manière quelque chose [qui relève] du non-être, et par là il t'apparaîtra comme suprêmement en acte. – Il apparaîtra comme n'ayant aucune déficience, et par là comme très parfait. – Il apparaîtra enfin comme n'ayant rien de divers, et par là comme suprêmement un. L'être donc qui est l'être pur, l'être simplement et l'être absolu, est l'être premier, | éternel, très simple, suprêmement **309b** en acte, très parfait et suprêmement un.

6. Et ces choses sont si certaines que l'être-même ne peut être pensé par celui qui intellige comme opposé à celles-ci, et chacune implique nécessairement la suivante. En effet, parce que l'être est simplement, il s'ensuit qu'il est simplement premier ; parce qu'il est simplement premier, il s'ensuit qu'il n'est pas fait à partir d'un autre, et puisqu'il n'a pas pu être fait à partir de soi-même, c'est qu'il est éternel. De même, parce qu'il est premier et éternel, il s'ensuit qu'il n'est pas à partir d'autres ; il est donc très simple. De même, parce qu'il est premier, éternel et très simple, il s'ensuit qu'il n'y a en lui aucun mélange de possibilité et d'acte ; il est donc suprêmement en acte. De même, parce qu'il est premier, éternel,

simplicissimum, actualissimum, ideo perfectissimum ; tali
omnino nihil deficit neque aliqua potest fieri additio. Quia
primum, aeternum, simplicissimum, actualissimum ; ideo
summe unum. Quod enim per omnimodam superabundantiam
dicitur dicitur respectu omnium. « Quod etiam simpliciter
per superabundantiam dicitur, impossibile est, ut conueniat
nisi uni soli ». Unde si Deus nominat esse primarium,
aeternum, simplicissimum, actualissimum, perfectissimum ;
impossibile est, ipsum cogitari non esse, nec esse nisi unum
solum. *Audi igitur, Israel, Deus tuus Deus unus est.* – Si
hoc uides in pura mentis simplicitate, aliqualiter perfunderis
aeternae lucis illustratione.

7. Sed habes unde subleueris in admirationem.
Nam ipsum esse est primum et nouissimum, est aeternum
et praesentissimum, est simplicissimum et maximum, est
actualissimum et immutabilissimum, est perfectissimum
et immensum, est summe unum et tamen omnimodum.
– Si haec pura mente miraris, maiore luce perfunderis,
dum ulterius uides, quia ideo est nouissimum, quia primum.
Quia enim est primum, omnia operatur propter se ipsum ;
et ideo necesse est, quod sit finis ultimus, initium et
consummatio, *alpha et omega.* – Ideo est praesentissimum,
quia aeternum. Quia enim aeternum, non fluit ab alio nec
310a deficit a se ipso nec decurrit ab | uno in aliud : ergo nec
habet praeteritum nec futurum, sed esse praesens tantum.
– Ideo maximum, quia simplicissimum. Quia enim
simplicissimum in essentia, ideo maximum in uirtute,

très simple et suprêmement en acte, il s'ensuit qu'il est très parfait ; un tel être n'a aucune déficience et on ne peut rien lui ajouter. Parce qu'il est premier, éternel, très simple et suprêmement en acte, il s'ensuit qu'il est suprêmement un. En effet, ce qui est dit par surabondance selon tous les modes, est dit en considération de toutes choses. En outre, « ce qui est dit par surabondance absolue, il est impossible que cela convienne autrement qu'à un seul [1]. » Par conséquent, si Dieu est le nom de l'être premier, éternel, très simple, suprêmement en acte et très parfait, il est impossible de penser qu'il n'est pas et qu'il est autrement qu'unique. *Écoute donc Israël, ton Dieu est un Dieu unique* (Dt 6, 4). Si tu vois cela dans la pure simplicité de l'esprit, tu seras rempli, en quelque manière, de l'illumination de la lumière éternelle.

7. Mais tu as de quoi t'élever jusqu'à l'admiration. En effet, l'être-même est premier et dernier, éternel et très présent, très simple et très grand ; il est suprêmement en acte et très immuable, très parfait et immense, suprêmement un et pourtant selon tous les modes. – Si tu regardes ces choses avec un esprit pur, tu seras rempli d'une lumière plus grande lorsque tu verras ultérieurement qu'il est dernier parce que premier. En effet, parce qu'il est premier, il opère tout en vue de lui-même, il est donc nécessaire qu'il soit fin ultime, commencement et consommation, *alpha et oméga* (Ap 1, 8). – Il est aussi très présent parce qu'éternel. En effet, parce qu'il est éternel, il ne découle pas d'un autre ni ne fait défaut à lui-même ni ne passe | de l'un à l'autre : il s'ensuit qu'il n'a ni passé ni futur, mais seulement un être présent. – Il est aussi très grand parce que très simple. En effet, parce qu'il est très simple en essence, il s'ensuit qu'il est très grand en vertu,

310a

---

1. Aristote, *Topiques*, V, 5, 134b 24.

quia uirtus, quanto plus est unita, tanto plus est infinita.
– Ideo immutabilissimum, quia actualissimum. Quia enim
actualissimum est, ideo est actus purus; et quod tale est
nihil noui acquirit, nihil habitum perdit, ac per hoc non
potest mutari. – Ideo immensum, quia perfectissimum.
Quia enim perfectissimum, nihil potest cogitari ultra ipsum
melius, nobilius nec dignius, ac per hoc nihil maius; et
omne tale est immensum. – Ideo omnimodum, quia summe
unum. Quod enim summe unum est omnis multitudinis-
uniuersale principium; ac per hoc ipsum est uniuersalis
omnium causa efficiens, exemplans et terminans, sicut
« causa essendi, ratio intelligendi et ordo uiuendi ». Est
igitur omnimodum non sicut omnium essentia, sed sicut
cunctarum essentiarum superexcellentissima et uniuersa-
lissima et sufficientissima causa; cuius uirtus, quia summe
unita in essentia, ideo summe infinitissima et multiplissima
in efficacia.

8. Rursus reuertentes dicamus : quia igitur esse purissimum et absolutum, quod est simpliciter esse, est primarium
et nouissimum, ideo est omnium origo et finis consummans.
– Quia aeternum et praesentissimum, ideo omnes durationes
ambit et intrat; quasi simul existens earum centrum et
circumferentia. – Quia simplicissimum et maximum,
ideo totum intra omnia et totum extra, ac per hoc

parce que la vertu est d'autant plus infinie qu'elle est plus unie[1]. – Il est aussi très immuable parce que suprêmement en acte. En effet parce qu'il est suprêmement en acte, il s'ensuit qu'il est acte pur ; et ce qui est tel n'acquiert rien de nouveau, ne perd rien de ce qu'il a, et par là ne peut être changé. – Il est aussi immense parce que très parfait. En effet, parce qu'il est très parfait, rien de meilleur ne peut être pensé au-delà de lui, ni de plus noble, ni de plus digne, et par là, rien de plus grand ; et ce qui est tel est immense. – Il est aussi selon tous les modes parce que suprêmement un. En effet, ce qui est suprêmement un est principe universel de toute multitude ; et par là, il est lui-même cause universelle de toutes choses, cause efficiente, cause exemplaire et cause finale[2], en tant que « cause de l'être, raison du connaître et ordre du vivre[3]. » Il est donc selon tous les modes, non comme essence de toutes choses, mais comme cause surexcellente, très universelle et très suffisante de toutes les essences, cause dont la vertu, parce qu'elle est suprêmement unie dans l'essence, est ainsi suprêmement infinie et très multiple dans son efficience.

8. Revenons-y encore une fois et disons : puisqu'il est l'être très pur et absolu, ce qui est être simplement, il est premier et dernier – et il s'ensuit qu'il est l'origine et la fin accomplissante de toutes choses. – Parce qu'il est éternel et très présent, il s'ensuit qu'il parcourt et pénètre toutes les durées, comme étant simultanément leur centre et leur circonférence. – Parce qu'il est très simple et très grand, il s'ensuit qu'il est tout entier à l'intérieur de toutes choses et tout entier à l'extérieur, et par là

---

1. *Livre des causes*, chap. 16, prop. 138.
2. Ici, dans le sens de ce qui achève (*consummatio*), et non pas dans le sens de ce qui attire vers la fin.
3. Augustin, *La Cité de Dieu*, VIII, 4 (BA 34, p. 244-245).

« est sphera intelligilis, cuius centrum est ubique et
circumferentia nusquam ». – Quia actualissimum et
immutabilissimum, ideo « stabile manens moueri dat
uniuersa ». – Quia perfectissimum et immensum ideo est
intra omnia, non inclusum, extra omnia, non exclusum,
supra omnia, non elatum, infra omnia non prostratum. –
Quia uero est summe unum et omnimodum, ideo est omnia
in omnibus, quamuis omnia sint multa, et ipsum non sit
nisi unum; et hoc, quia per simplicissimam unitatem,
310b   serenissimam ueritatem et sincerissimam bonitatem | est
in eo omnis uirtuositas, omnis exemplaritas et omnis
communicabilitas; ac per hoc *ex ipso et per ipsum et in
ipso sunt omnia*, et hoc quia omnipotens, omnisciens et
omnimode bonum, quod perfecte uidere est esse beatum,
sicut dictum est Moysi : *Ego ostendam tibi omne bonum.*

« il est une sphère intelligible dont le centre est partout, et la circonférence nulle part[1]. » – Parce qu'il est suprêmement en acte et absolument immuable, il s'ensuit qu'« il demeure stable et donne à toutes choses d'être mues[2]. » – Parce qu'il est très parfait et immense, il s'ensuit qu'il est à l'intérieur de toutes choses sans y être enfermé, hors de toutes choses sans en être exclu, au-dessus de toutes choses sans être élevé, en-dessous de toutes choses sans être abaissé. – Parce qu'il est aussi suprêmement un et selon tous les modes, il s'ensuit qu'il est toutes choses en toutes choses, bien que toutes les choses soient multiples et que lui ne soit autrement qu'unique ; et cela parce que, par la très simple unité, par la très sereine vérité et par la très sincère bonté, | il y a en lui toute énergie, toute exemplarité   310b
et toute communicabilité. De ce fait, toutes choses sont *de lui et par lui et en lui* (Rm 11, 36), et cela parce qu'il est tout-puissant, omniscient et est bon selon tous les modes et que le voir parfaitement, c'est être heureux, comme cela a été dit à Moïse : *Je te montrerai donc tout bien* (Ex 33, 19).

1. Alain de Lille, *Règles de la théologie*, Règle 7.
2. Boèce, *La consolation de Philosophie*, III, 9.

Capitulum VI

DE SPECULATIONE BEATISSIMAE TRINITATIS
IN EJUS NOMINE, QUOD EST BONUM

1. Post considerationem essentialium eleuandus est
oculus intelligentiae ad contuitionem beatissimae Trinitatis,
ut alter Cherub iuxta alterum statuatur. Sicut autem uisionis
essentialium ipsum esse est principium radicale et nomen,
per quod cetera innotescunt; sic contemplationis
emanationum ipsum bonum est principalissimum
fundamentum.

2. Vide igitur et attende, quoniam optimum quod
simpliciter est quo nihil melius cogitari potest; et hoc tale
sic est, quod non potest recte cogitari non esse, quia omnino
melius est esse quam non esse; sic est, quod non potest
recte cogitari, quin cogitetur trinum et unum. Nam « bonum
dicitur diffusiuum sui »; summum igitur bonum summe
diffusiuum est sui. Summa autem diffusio non potest esse,
nisi sit actualis et intrinseca, substantialis et hypostatica,

CHAPITRE VI

DE LA SPÉCULATION DE LA BIENHEUREUSE TRINITÉ EN SON NOM, QUI EST LE BIEN

1. Après la considération des réalités essentielles, il faut élever le regard de l'intelligence à la contuition de la bienheureuse Trinité, afin que l'autre Chérubin soit placé à côté du premier. En effet, tout comme l'être-même est le principe radical de la vision des réalités essentielles et le nom par lequel les autres choses sont connues, ainsi le bien-même est le fondement absolument principiel de la contemplation des émanations*.

2. Vois donc et prête attention : puisque le meilleur est simplement ce dont rien de mieux ne peut être pensé[1], il est tel qu'on ne peut droitement le penser ne pas être, parce qu'il est absolument meilleur d'être que de ne pas être. Ainsi il est tel qu'on ne peut pas le penser droitement sans le penser trine et un. En effet, « le bien est diffusif de soi[2] » ; le bien suprême est donc suprêmement diffusif de soi. Or la diffusion suprême ne peut qu'être actuelle et intrinsèque, substantielle et hypostatique*,

---

1. Voir saint Anselme de Cantorbéry, *Proslogion*, II.
2. Formule inspirée de Denys l'Aréopagite, *Noms divins*, IV, 1 (693 B), 4 (697 C), 19 (716B), VIII, 6 (893 D), XI 6, (956 B).

naturalis et uoluntaria, liberalis et necessaria, indeficiens
et perfecta. Nisi igitur in summo bono aeternaliter esset
productio actualis et consubstantialis, et hypostasis aeque
nobilis, sicut est producens, per modum generationis et
spirationis – ita quod sit aeternalis principii aeternaliter
comprincipiantis – ita quod esset dilectus et condilectus
genitus et spiratus, hoc est Pater et Filius et Spiritus sanctus;
nequaquam esset summum bonum, quia non summe se
diffunderet. Nam diffusio ex tempore in creatura non est
nisi centralis uel punctalis respectu immensitatis bonitatis
aeternae; unde et potest aliqua diffusio cogitari maior illa,
ea uidelicet, in qua diffundens communicat alteri totam
311a   substantiam | et naturam. Non igitur summum bonum esset,
si re, uel intellectu illa carere posset. Si igitur potes mentis
oculo contueri puritatem bonitatis, quae est actus purus
principii caritatiue diligentis amore gratuito et debito et
ex utroque permixto, quae est diffusio plenissima per
modum naturae et uoluntatis, quae est diffusio per modum
Uerbi, in quo omnia dicuntur, et per modum Doni, in quo
cetera dona donantur; potes uidere, per summam boni
communicabilitatem necesse esse Trinitatem Patris et Filii
et Spiritus sancti. In quibus necesse est propter summam
bonitatem esse summam communicabilitatem, et ex summa
communicabilitate summam consubstantialitatem, et ex
summa consubstantialitate summam configurabilitatem,

naturelle et volontaire, libérale et nécessaire, continuelle et parfaite. Si donc il n'y avait pas éternellement dans le bien suprême une production actuelle et consubstantielle, et une hypostase* aussi noble que celui qui la produit, par mode de génération et de spiration – de sorte qu'elle soit éternellement coprincipiante du principe éternel ; de sorte qu'il y ait un aimé et un co-aimé, un engendré et un spiré : c'est le Père et le Fils et le Saint Esprit –, il ne serait jamais le bien suprême, parce qu'il ne se diffuserait pas suprême-ment. En effet, la diffusion temporelle dans la créature n'est qu'un centre ou un point par rapport à l'immensité de la bonté éternelle. Voilà pourquoi on peut penser une diffusion plus grande que celle-là, à savoir une diffusion dans laquelle celui qui se diffuse communique à l'autre toute sa substance | et toute sa nature. Il ne serait donc pas   311a
le bien suprême si, dans le réel ou dans l'intellect, une telle diffusion pouvait manquer. Si donc tu peux contuitionner, par l'œil de l'esprit, la pureté de la bonté – cette bonté qui est acte pur du principe aimant, de manière charitable, d'un amour gratuit, dû et mixte (d'amour gratuit et d'amour dû) [1], qui est diffusion très pleine par mode de nature et de volonté, qui est diffusion par mode du Verbe, en qui toutes choses sont dites, et par mode du Don, en qui sont donnés tous les autres dons –, alors tu peux voir que, par la suprême communicabilité du bien, il est nécessaire qu'il y ait la Trinité du Père et du Fils et de l'Esprit saint. En eux, à cause de la suprême bonté, il est nécessaire qu'il y ait une suprême communicabilité ; et à partir de cette suprême communicabilité, une suprême consubstantialité ; et à partir de cette suprême consubstantialité, une suprême et commune configuration ;

1. Richard de Saint-Victor, *De la Trinité*, V, 16.

et ex his summam coaequalitatem, ac per hoc summam
coaeternitatem, atque ex omnibus praedictis summam
cointimitatem, qua unus est in altero necessario per summam
circumincessionem et unus operatur cum alio per
omnimodam indiuisionem substantiae et uirtutis et
operationis ipsius beatissimae Trinitatis.

3. Sed cum haec contemplaris, uide, ne te existimes
comprehendere incomprehensibilem. Habes enim adhuc
in his sex conditionibus considerare quod uehementer in
stuporem admirationis inducit oculum mentis nostrae. Nam
ibi est summa communicabilitas cum personarum
proprietate, summa consubstantialitas cum hypostasum
pluralitate, summa configurabilitas cum discreta
personalitate, summa coaequalitas cum ordine, summa
coaeternitas cum emanatione, summa cointimitas cum
emissione. Quis ad tantorum mirabilium aspectum non
consurgat in admirationem ? – Sed haec omnia certissime
intelligimus esse in beatissima Trinitate, si leuamus oculos
ad superexcellentissimam bonitatem. Si enim ibi est summa
communicatio et uera diffusio, uera est ibi origo et uera
distinctio ; et quia totum communicatur, non pars ; ideo
ipsum datur, quod habetur, et totum : igitur emanans et
producens et distinguuntur proprietatibus, et sunt
essentialiter unum. Quia igitur distinguuntur proprietatibus,
ideo habent personales proprietates et hypostasum
pluralitatem et originis emanationem et ordinem non
posterioritatis, sed originis, et emissionem non localis
mutationis, sed gratuitae inspirationis, per rationem

et à partir de celles-ci, une suprême co-égalité, et par là une suprême co-éternité ; et à partir de toutes les choses susdites, une suprême co-intimité par laquelle l'un est dans l'autre, de manière nécessaire, par une suprême circumincession* ; et l'un opère avec l'autre par une totale indivision de substance, de vertu et d'opération de la très bienheureuse Trinité elle-même.

3. Mais lorsque tu contempleras cela, veille à ne pas estimer que tu comprennes l'incompréhensible. Tu as, de fait, encore à considérer dans ces six caractéristiques ce qui plonge impétueusement l'œil de notre esprit dans la stupeur de l'admiration. Là, en effet, il y a la suprême communicabilité avec la propriété des personnes, la suprême consubstantialité avec la pluralité des hypostases, la suprême et commune configuration avec la personnalité distincte, la suprême co-égalité avec l'ordre, la suprême co-éternité avec l'émanation, la suprême co-intimité avec l'émission. Qui, à la vue de choses si admirables, n'est soulevé d'admiration ? – Mais nous intelligeons de façon très certaine que toutes ces choses sont dans la très bienheureuse Trinité si nous levons les yeux vers la surexcellente bonté. En effet, s'il y a là suprême communication et vraie diffusion, il y a là vraie origine et vraie distinction ; et comme tout est communiqué, et non pas une partie, il s'ensuit qu'est donné cela même qui est possédé, et cela est donné tout entier. Donc celui qui émane et celui qui produit sont à la fois distingués par des propriétés et essentiellement un. Puisqu'ils sont distingués par des propriétés, il s'ensuit qu'ils ont des propriétés personnelles, la pluralité des hypostases, l'émanation d'origine, l'ordre non de postériorité mais d'origine et l'émission non de mouvement local mais d'inspiration gratuite, en raison

auctoritatis producentis, quam habet mittens respectu missi. – Quia uero sunt unum substantialiter, ideo oportet, quod sit unitas in essentia et forma et dignitate et aeternitate **311b** | et existentia et incircumscriptibilitate. – Dum ergo haec per singillatim consideras, habes unde ueritatem contempleris ; dum haec ad inuicem confers, habes unde in admirationem altissima suspendaris : et ideo, ut mens tua per admirationem in admirabilem ascendat contemplationem, haec simul sunt consideranda.

4. Nam et Cherubim hoc designant, quae se mutuo aspiciebant. Nec hoc uacat a mysterio, quod respiciebant *se uersis uultibus in propitiatorium*, ut uerificetur illud quod dicit Dominus in Ioanne : *Haec est uita aeterna, ut cognoscant te solum uerum Deum, et quem misisti Iesum Christum*. Nam admirari debemus non solum conditiones Dei essentiales et personales in se, uerum etiam per comparationem ad supermirabilem unionem Dei et hominis in unitate personae Christi.

5. Si enim Cherub es essentialia Dei contemplando, et miraris, quia simul est diuinum esse primum et nouissimum, aeternum et praesentissimum, simplicissimum et maximum seu incircumscriptum, totum ubique et nusquam comprehensum, actualissimum et nunquam motum, perfectissimum et nihil habens superfluum nec diminutum, et tamen immensum et sine termino infinitum, summe unum, et tamen omnimodum, ut omnia in se habens, ut omnis uirtus, omnis ueritas, omne bonum ; respice ad propitiatorium et mirare,

de l'autorité de celui qui produit et qui envoie par rapport à celui qui est envoyé. – Mais puisqu'ils sont substantiellement un, il convient qu'il y ait unité dans l'essence, dans la forme, dans la dignité, dans l'éternité, | dans l'existence et dans l'illimitation. – Donc, lorsque tu considères ces choses une à une, tu as de quoi contempler la vérité ; lorsque tu les rapportes les unes aux autres, tu as de quoi être suspendu en une très haute admiration. Et ainsi, pour que ton esprit monte à une admirable contemplation par l'admiration, il faut que tu considères ces choses en même temps.

311a

4. En effet, c'est aussi cela que signifient les Chérubins se regardant mutuellement. Et cette attitude recèle un mystère : ils se regardaient *les visages tournés vers le propitiatoire* (Ex 25, 20), afin que soit vérifié ce que dit le Seigneur en Jean : *Ceci est la vie éternelle : qu'ils te connaissent toi, le seul vrai Dieu, et celui que tu as envoyé, Jésus Christ* (Jn 17, 3). En effet, nous devons admirer non seulement les caractéristiques essentielles et personnelles de Dieu en lui-même, mais aussi les rapporter à l'union plus qu'admirable de Dieu et de l'homme dans l'unité de la personne du Christ.

5. Si tu es le Chérubin qui contemple les caractéristiques essentielles de Dieu, et que tu t'étonnes parce que l'être divin est en même temps : premier et dernier ; éternel et très présent ; très simple et immense, ou illimité ; tout entier ici et jamais saisi ; suprêmement en acte et jamais en mouvement ; très parfait et n'ayant rien de trop ni de moins, et cependant immense et infini, sans borne ; suprêmement un, et cependant selon tous les modes, en tant qu'il a toutes choses en lui, en tant qu'il est la vertu, la vérité et le bien – alors regarde vers le propitiatoire et admire ces faits :

quod in ipso principium primum iunctum est cum postremo,
Deus cum homine sexto die formato, aeternum iunctum
est cum homine temporali, in plenitudine temporum de
Virgine nato, simplicissimum cum summe composito,
actualissimum cum summe passo et mortuo, perfectissimum
et immensum cum modico, summe unum et omnimodum
cum indiuiduo composito et a ceteris distincto, homine
scilicet Iesu Christo.

6. Si autem alter Cherub es personarum propria
contemplando, et miraris, communicabilitatem esse cum
proprietate, consubstantialitatem cum pluralitate, configurabilitatem cum personalitate, coaequalitatem cum ordine,
coaeternitatem cum productione, cointimitatem cum
emissione, quia Filius missus est a Patre, et Spiritus sanctus
ab utroque, qui tamen semper est cum eis et nunquam
recedit ab eis; respice in propitiatorium et mirare, quia in
Christo stat personalis unio cum trinitate substantiarum et
naturarum dualitate; stat omnimoda consensio cum
pluralitate uoluntatum, stat Dei et hominis compraedicatio
cum pluralitate proprietatum, | stat coadoratio cum plura-
litate nobilitatum, stat coexaltatio super omnia cum
pluralitate dignitatum, stat condominatio cum pluralitate
potestatum.

312a

en lui le principe premier est uni au dernier ; Dieu est uni à l'homme formé le sixième jour (*cf.* Gn 1, 26) ; l'éternel est uni à l'homme temporel, né de la Vierge à la plénitude des temps (*cf.* Col 1, 15) ; le très simple est uni au suprême composé ; le suprêmement en acte est uni à celui qui a suprêmement souffert et est mort ; le très parfait et immense est uni au tout-petit ; le suprêmement un et selon tous les modes est uni à un individu composé et distinct des autres, à savoir à l'homme Jésus-Christ.

6. Si tu es l'autre Chérubin, qui contemple les réalités propres aux personnes, et que tu admires qu'il y ait : la communicabilité avec la propriété ; la consubstantialité avec la pluralité ; la commune configuration avec la personnalité ; la commune égalité avec l'ordre ; la commune éternité avec la production ; la commune intimité avec l'émission, parce que le Fils a été envoyé par le Père, et le Saint-Esprit par l'un et l'autre, lui qui pourtant est toujours avec eux et ne s'éloigne jamais d'eux – alors regarde dans le propitiatoire et admire, car dans le Christ : il y a l'union personnelle avec la trinité des substances [1] et la dualité des natures [2] ; il y a un assentiment total avec la pluralité des volontés ; il y a la co-prédication de Dieu et de l'homme avec la pluralité des propriétés ; il y a | la **312a** co-adoration avec la pluralité des noblesses ; il y a la co-exaltation au-dessus de toutes choses avec la pluralité des dignités ; il y a la co-domination avec la pluralité des pouvoirs.

1. À savoir corporelle, spirituelle et divine.
2. À savoir humaine et divine.

7. In hac autem consideratione est perfectio illuminationis mentis, dum quasi in sexta die uidet hominem factum ad imaginem Dei. Si enim imago est similitudo expressiua, dum mens nostra contemplatur in Christo Filio Dei, qui est imago Dei inuisibilis per naturam, humanitatem nostram tam mirabiliter exaltatam, tam ineffabiliter unitam, uidendo simul in unum primum et ultimum, summum et imum, circumferentiam et centrum, *alpha et omega*, causatum et causam, Creatorem et creaturam, *librum* scilicet *scriptum intus et extra*; jam peruenit ad quandam rem perfectam, ut cum Deo ad perfectionem suarum illuminationum in sexto gradu quasi in sexta die perueniat; nec aliquid iam amplius restet nisi dies requiei, in qua per mentis excessum requiescat humanae mentis perspicacitas *ab omni opere, quod patrarat.*

7. Or dans cette considération, l'illumination de l'esprit est parfaite lorsque, presque comme au sixième jour, l'esprit voit l'homme fait à l'image de Dieu (*cf.* Gn 1, 26). En effet, si l'image est une ressemblance* expressive, lorsque notre esprit contemple dans le Christ Fils de Dieu, qui est par nature image du Dieu invisible, notre humanité si admirablement exaltée, si ineffablement unie, voyant en même temps et en un seul le premier et le dernier, le suprême et l'infime, la circonférence et le centre, *l'alpha et l'oméga* (Ap 1, 8), l'effet et la cause, le Créateur et la créature, c'est-à-dire le *livre écrit au-dedans et au dehors* (Ap 5, 1 ; Ez 2, 9) – alors il parvient déjà à quelque chose de parfait, si bien qu'avec Dieu il est parvenu à la perfection de ses illuminations dans le sixième degré presque comme au sixième jour ; et il ne reste déjà plus rien d'autre que le jour du repos, dans lequel la perspicacité de l'esprit humain, par l'extase de l'esprit, se reposera *de toute l'œuvre qu'il aura accompli* (Gn 2, 2).

CAPITULUM VII

DE EXCESSU MENTALI ET MYSTICO, IN QUO REQUIES DATUR INTELLECTUI, AFFECTU TOTALITER IN DEUM PER EXCESSUM TRANSEUNTE

1. His igitur sex considerationibus excursis tanquam sex gradibus throni ueri Salomonis, quibus peruenitur ad pacem, ubi uerus pacificus in mente pacifica tanquam in interiori Hierosolyma requiescit; tanquam etiam sex alis Cherub, quibus mens ueri contemplatiui plena illustratione supernae sapientiae ualeat sursum agi; tanquam etiam sex diebus primis, in quibus mens exercitari habet, ut tandem peruenitat ad sabbatum quietis; postquam mens nostra contuita est Deum extra se per uestigia et in uestigiis, intra se per imaginem et in imagine, supra se per diuinae lucis similitudinem super nos relucentem et in ipsa luce, secundum quod possibile est secundum statum uiae et exercitium mentis nostrae; cum tandem in sexto gradu ad hoc peruenerit, ut speculetur in principio primo et summo

CHAPITRE VII

DE L'EXTASE MYSTIQUE DE L'ESPRIT
DANS LAQUELLE LE REPOS EST DONNÉ
À L'INTELLECT, L'AFFECT PASSANT
TOTALEMENT EN DIEU PAR L'EXTASE

1. Ces six considérations que nous avons parcourues
ont été comme les six marches du trône du vrai Salomon,
par lesquelles on parvient à la paix, où celui qui est un vrai
pacifique repose en son esprit pacifié comme à l'intérieur
de [la] Jérusalem [céleste]. Elles ont été aussi comme les
six ailes du Chérubin par lesquelles l'esprit du vrai
contemplatif, rempli de la lumière de la sagesse d'en-haut,
est prêt à s'élancer plus haut. Elles ont également été
comme les six premiers jours durant lesquels notre esprit
doit s'exercer pour parvenir finalement au repos du sabbat.
Après que notre esprit est parvenu à la contuition de Dieu,
à l'extérieur de lui-même par les vestiges et dans les
vestiges, en lui-même par l'image et dans l'image, au-dessus
de lui-même par la ressemblance* de la lumière divine qui
resplendit sur nous et dans cette lumière elle-même, autant
que le permettent notre condition pérégrine et l'exercice
de notre esprit; après qu'au sixième degré, il est parvenu
à voir en miroir dans le principe premier et suprême,

et mediatore *Dei et hominum*, Iesus Christo ea quorum
312b similia | in creaturis nullatenus reperiri possunt, et quae
omnem perspicacitatem humani intellectus excedunt;
restat, ut haec speculando transcendat et transeat non solum
mundum istum sensibilem, uerum etiam semetipsam; in
quo transitu Christus est *uia* et *ostium*, Christus est scala
et uehiculum tanquam *propitiatorium super arcam Dei
collocatum* et *sacramentum a saeculis absconditum*.

2. Ad quod propitiatorium qui aspicit plena conuersione
uultus, aspiciendo eum in cruce suspensum per fidem,
spem et caritatem, deuotionem, admirationem, exsultationem,
appretiationem, laudem et iubilationem; pascha, hoc est
transitum, cum eo facit, ut per uirgam crucis transeat mare
rubrum, ab Aegypto intrans desertum, ubi gustet manna
absconditum, et cum Christo requiescat in tumulo quasi
exterius mortuus, sentiens tamen, quantum possibile est
secundum statum uiae, quod in cruce dictum est latroni
cohaerenti Christo : *Hodie mecum eris in paradiso*.

3. Quod etiam ostensum est beato Francisco,
cum in excessu contemplationis in monte excelso – ubi
haec, quae scripta sunt mente tractaui – apparuit Seraph
sex alarum in cruce confixus, ut ibidem a socio eius,
qui tunc cum eo fuit, ego et plures alii audiuimus; ubi
in Deum transit per contemplationis excessum, et
positus est in exemplum perfectae contemplationis,
sicut prius fuerat actionis, tanquam alter Iacob et

et en Jésus-Christ, médiateur *entre Dieu et les hommes* (1 Tm 2, 5), ces choses qui n'ont pas leurs pareilles parmi les créatures, et qui excèdent toute la perspicacité de l'intellect humain – alors il lui reste à dépasser et à traverser par cette contemplation non seulement ce monde sensible, mais encore lui-même. En cette traversée, le Christ est *le chemin et la porte* (Jn 14, 6 ; 10, 7), le Christ est *l'échelle et le véhicule*, en tant que *propitiatoire placé sur l'arche* (Ex 25, 20) et *mystère caché depuis les siècles* (Ep 3, 9).

2. Celui qui porte son regard vers le propitiatoire en tournant entièrement son visage et, avec foi, espérance et charité, dévotion, admiration, exultation, estime, louange et jubilation, regarde celui qui est suspendu* en croix – c'est la pâque, la traversée (*cf.* Ex 12, 11), qu'il fait avec lui, de sorte qu'il traverse la mer Rouge au moyen de la verge de la croix (*cf.* Ex 14, 16). En quittant l'Égypte, il entre dans le désert, où il goûte la manne cachée (*cf.* Ex 16, 15 ; Ap 2, 17), et avec le Christ il repose dans le tombeau, comme mort à l'extérieur, bien qu'il éprouve, autant qu'il est possible dans la condition pérégrine, la parole qui a été dite en croix au brigand qui s'attachait au Christ : *aujourd'hui, tu seras avec moi dans le paradis* (Lc 23, 43).

3. C'est ce qui a été montré au bienheureux François lorsque, dans sa contemplation extatique au sommet de la montagne – là même où j'ai médité ces lignes –, lui est apparu, cloué à la croix, le Séraphin aux six ailes, ainsi que moi-même et plusieurs autres l'avons entendu dire par le compagnon qui était alors avec lui. Là, il passa en Dieu par une contemplation extatique, et il fut établi comme l'exemple de la parfaite contemplation, comme il l'avait été auparavant de l'action, tel un autre Jacob [changé en]

Israel, ut omnes uiros uere spirituales Deus per eum inuitaret ad huiusmodi transitum et mentis excessum magis exemplo quam uerbo.

4. In hoc autem transitu, si sit perfectus, oportet quod relinquantur omnes intellectuales operationes, et apex affectus totus transferatur et transformetur in Deum. Hoc autem est mysticum et secretissimum, quod *nemo nouit, nisi qui accipit*, nec accipit nisi qui desiderat, nec desiderat nisi quem ignis Spiritus sancti medullitus inflammat, quem Christus misit in terram. Et ideo dicit Apostolus, hanc mysticam sapientiam esse per Spiritum sanctum reuelatam.

5. Quoniam igitur ad hoc nihil potest natura, modicum potest industria, parum est dandum inquisitioni, et multum unctioni ; parum dandum est linguae, et plurimum internae laetitiae ; parum dandum | est uerbo et scripto, et totum Dei dono, scilicet Spiritui sancto ; parum aut nihil dandum est creaturae, et totum creatrici essentiae, Patri et Filio et Spiritui sancto ; dicendo cum Dionysio ad Deum Trinitatem : « Trinitas superessentialis et superdeus et superoptime Christianorum inspector theosophiae, dirige nos in mysticorum eloquiorum superincognitum et superlucentem et sublimissimum uerticem ; ubi noua et absoluta et inconuersibilia theologiae mysteria secundum superlucentem absconduntur occulte docentis silentii caliginem in obscurissimo, quod est supermanifestissimum, super splendentem,

313a

Israël (*cf.* Gn 35, 10). C'est ainsi que, par son exemple plus que par sa parole, Dieu invitait par lui tous les hommes vraiment spirituels au même passage et à la même extase de l'esprit.

4. Mais dans ce passage, si on l'accomplit parfaitement, il importe de quitter toutes les opérations intellectuelles, de faire passer et de transformer en Dieu tout le sommet de notre affect. C'est là une chose mystique et très secrète, *connue de celui-là seul qui la reçoit* (Ap 2, 17), reçue de celui-là seul qui la désire, désirée par celui-là seul qu'embrase jusqu'à la moelle le feu de l'Esprit saint, feu que le Christ a envoyé sur la terre (*cf.* Lc 12, 49). Voilà pourquoi l'Apôtre dit que cette sagesse mystique a été révélée par l'Esprit saint (*cf.* 1 Co 2, 10).

5. Comme en cette matière la nature ne peut rien et l'activité humaine pas grand-chose, il faut : accorder peu à l'enquête et beaucoup à l'onction ; accorder peu à la langue et beaucoup à la joie intérieure ; accorder peu | à la parole et à l'écrit, et tout au don de Dieu, c'est-à-dire à l'Esprit saint ; accorder peu, ou rien, à la créature et tout à l'essence créatrice, au Père, au Fils et à l'Esprit saint – et il faut dire, comme Denys s'adressant au Dieu Trinité : « Trinité suressentielle et supra-divine, guide suréminent des chrétiens vers la sagesse divine, conduis-nous à la cime plus qu'inconnue, supralumineuse et toute sublime des paroles mystiques [*i.e.* les Écritures] ; conduis-nous là où les mystères nouveaux, absolus et inaltérables de la science de Dieu se cachent dans des ténèbres resplendissantes au sein du silence où se révèlent ses secrets, car cette obscurité très profonde est la plus éclatante des évidences, la plus fulgurante des splendeurs.

313a

et in qua omne relucet et inuisibilium superbonorum splendoribus superimplentem inuisibiles intellectus ». Hoc ad Deum. Ad amicum autem, cui haec scribuntur, dicatur cum eodem : « Tu autem, o amice, circa mysticas uisiones, corroborato itinere, et sensus desere et intellectuales operationes et sensibilia et inuisibilia et omne non ens et ens, et ad unitatem, ut possibile est, inscius restituere ipsius, qui est super omnem essentiam et scientiam. Etenim te ipso et omnibus immensurabili et absoluto purae mentis excessu, ad superessentialem diuinarum tenebrarum radium, omnia deserens et ab omnibus absolutus, ascendes ».

6. Si autem quaeras, quomodo haec fiant, interroga gratiam, non doctrinam; desiderium, non intellectum; gemitum orationis, non studium lectionis; sponsum, non magistrum; Deum non hominem; caliginem, non claritatem; non lucem, sed ignem totaliter inflammantem et in Deum excessiuis unctionibus et ardentissimis affectionibus transferentem. Qui quidem ignis Deus est, et huius *caminus est in Ierusalem*, et Christus hunc accendit in feruore suae ardentissimae passionis, quem solus ille uere percipit, qui dicit : *Suspendium elegit anima mea, et mortem ossa mea.* Quam mortem qui diligit uidere potest Deum, quia indubitanter uerum est : *Non uidebit me homo et uiuet.* – Moriamur igitur et ingrediamur in caliginem, imponamus silentium sollicitudinibus, concupiscentiis et phantasmatibus;

C'est elle qui illumine toute chose, qui remplit à pleins bords, de ses clartés invisibles et de ses biens supérieurs, les intellects qui ont renoncé à la vue sensible[1]. » Voilà pour Dieu. Et à l'ami auquel il écrit, disons avec lui : « Pour toi, mon ami, après t'être affermi dans la voie de la contemplation mystique, laisse de côté tes sens et les opérations intellectuelles, les réalités sensibles et les réalités invisibles, ce qui n'est pas et ce qui est. Et dans ta nescience, reviens autant que possible à l'unité de Celui qui est au-dessus de toute essence et de toute science. Et vraiment, par une extase de l'esprit incommensurable et absolument pure, hors de toi-même et de toutes choses, tu monteras jusqu'au rayon suressentiel des ténèbres divines, délaissant tout et libéré de tout[2]. »

|6. Tu demandes comment y arriver ? Interroge   313b
donc : la grâce, non pas la doctrine ; le désir, non pas l'intellect ; le gémissement de la prière, non pas l'étude des livres ; l'Époux, non pas le maître ; Dieu, non pas l'homme ; les ténèbres, non pas la clarté ; non pas la lumière, mais le feu qui enflamme totalement et transporte en Dieu par les onctions extatiques et les affections les plus ardentes. Ce feu, c'est Dieu, et son *foyer est à Jérusalem* (Is 31, 9) ; c'est le Christ qui l'a allumé dans la ferveur de sa très ardente passion. En fait l'expérience celui-là seul qui dit : *Mon âme a choisi l'envol et mes os la mort* (Jb 7, 15). Il peut voir Dieu, celui qui aime cette mort, car il est indubitablement vrai que *l'homme ne peut me voir et vivre* (Ex 33, 20). Mourons donc et entrons dans les ténèbres. Imposons silence aux préoccupations, aux concupiscences et aux images.

1. Denys l'Aréopagite, *La Théologie mystique*, I, 1 (997B).
2. *Ibid.*

transeamus cum Christo crucifixo *ex hoc mundo ad Patrem*, ut, ostenso nobis Patre, dicamus cum Philippo : *Sufficit nobis* ; audiamus cum Paulo : *Sufficit tibi gratia mea* ; exultemus cum Dauid dicentes : *Defecit caro mea et cor meum, Deus cordis meis et pars mea Deus in aeternum. Benedictus Dominus in aeternum, et dicet omnis populus : Fiat, fiat.* Amen.

Avec le Christ crucifié, passons *de ce monde au Père* (Jn 13, 1), afin que, le Père nous ayant été montré, nous disions avec Philippe : *cela nous suffit* (Jn 14, 8). Qu'avec Paul, nous nous entendions dire : *Ma grâce te suffit* (2 Co 12, 9). Qu'avec David, nous exultions de joie et disions : *Ma chair et mon cœur défaillent, ô Dieu de mon cœur ; Dieu, ma part pour l'éternité* (Ps 72, 26). *Béni soit le Seigneur éternellement ! Que tout le peuple s'écrie : Qu'il en soit ainsi ! Qu'il en soit ainsi !* (Ps 105, 48). Amen.

GLOSSAIRE

Pour aller plus loin, le lecteur pourra consulter avec grand profit les deux lexiques suivants (dont s'inspire le présent glossaire) : *Lexique saint Bonaventure*, J.-G. Bougerol (dir.), Paris, Éditions franciscaines, 1969 ; *Dizionario bonavenruriano*, a cura di E. Casaroli, Padova, Editrici franscescane, 2008.

Circumincession (*circumincessio*)

Ce terme de théologie trinitaire signifie « que l'un est dans l'autre, et vice versa ; cela n'existe à proprement parler et parfaitement qu'en Dieu, car la circumincession implique à la fois distinction et unité. Et comme il y a en Dieu seul unité suprême et distinction [des personnes divines], de telle sorte que la distinction soit sans confusion et l'unité sans division, il n'y a donc de circumincession parfaite qu'en Dieu seul. [...] La circumincession est donc la parfaite unité de l'essence avec la distinction des personnes ». (*I Sent.*, d. 19, p. I, a. un., q. 4 [I, 349]).

Contemplation (*contemplatio*)

Selon Bonaventure, la contemplation est l'acte de se tourner vers Dieu, pour le connaître et pour l'aimer (*II Sent.*, d. 9, praenotata [II, 240]). Il faut ensuite distinguer la contemplation intellectuelle, liée au don d'intelligence, où le regard de l'esprit est tenu en suspens par l'admiration et mené à la paix par la connaissance de la vérité, et la contemplation sapientielle, œuvre du don de sagesse, qui donne une connaissance expérimentale et affective de Dieu.

Contuition (*contuitio*)

Au sens large, la contuition désigne n'importe quelle vision intellectuelle (*II Sent.*, d. 23, a. 2, q. 3, resp. ; *III Sent.*, d. 14, a. 1, q. 3, resp. ad arg. 3, etc.) Au sens strict, elle désigne la saisie intellectuelle de la présence de Dieu infini dans et par l'être fini. La contuition est donc une connaissance médiate, et non une saisie directe de l'infini en soi. C'est en ce second sens que le mot est utilisé dans l'*Itinéraire*, ainsi que dans *Breviloquium* II, 2, 12, *Quaestiones disputatae de scientia Christi*, q. 4, resp. et q. 5, resp., *Hexaëmeron* V, 28-33, etc.

Désir (*desiderium*)

Le désir « n'est pas une espérance, mais une certaine forme d'amour » (*Lexique saint Bonaventure*, p. 52) par lequel un être tend à la réception d'une forme. Le désir est plus spécifiquement la condition subjective indispensable de la contemplation : « Il n'y a pas d'âme contemplative sans un désir vivace. Celle qui reste sans désir ne peut rien connaître de la contemplation. » (*Collationes in Hexaëmeron*, XXII, 29 [V, 441]). Il n'est pas nécessaire d'avoir reçu un appel spécial à la vie contemplative : celle-ci doit constituer le sommet de toute vie authentiquement chrétienne et doit donc être recherchée par tous : « Je pense que cette façon de connaître doit être recherchée par toute personne juste » (*II Sent.*, d. 33, a. 2, q. 3 [*II*, 546]). Ce désir doit rester fort et on ne doit pas permettre qu'il s'affaiblisse : « Après le début de la contemplation, il progresse avec la suite de la contemplation ; là deux choses surtout sont requises, à savoir la joie procédant du don concédé et le désir procédant du fait de continuer » (*In Evangelio Lucae*, IX, 60, vers. 33 [VII, 235]). Au sujet de l'importance du désir dans la théologie franciscaine et de son rapport avec la vertu d'espérance, voir É. Longpré, « Bonaventure », *Doctor Seraphicus* 1, col. 1815 *sq*.

Élévation (*suspensio*)

Terme assez rare dans le vocabulaire bonaventurien, et qu'on ne peut assimiler purement et simplement à la *sursumactio* (qui peut pourtant se traduire de la même manière, par « élévation »). La *suspensio* ne semble pas désigner seulement une élévation mystique de l'esprit, mais plus profondément l'élévation du Christ sur la Croix, et par extension, l'état de toute personne qui est associée intimement à cette crucifixion. En d'autres termes, la *suspensio* désigne la « crucifixion mystique » (*Lexique saint Bonaventure*, p. 124). L'origine de ce terme réside peut-être dans Jb 7, 15 : « Suspendium elegit anima mea » (« Mon âme préfère la mort violente », litt. le « suspens » qu'est la pendaison ; d'où, au sens figuré, toute mort par élévation). En ce sens, comme l'indique le *Lexique*, « le terme *suspensio* signifie une élévation mystique de l'âme, intelligence et volonté, au terme de la montée mystique vers Dieu par la voie de la crucifixion ».

Émanation (*emanatio*)

Ce terme peut désigner deux choses différentes : au premier sens (utilisé dans l'Itinéraire), l'émanation renvoie à la génération éternelle du Fils par le Père et à la spiration de l'Esprit saint ; l'émanation signifie donc la manière dont les personnes divines procèdent les unes des autres. Au second sens, l'émanation est un synonyme de la création et désigne l'acte par lequel Dieu produit le monde, qui, en ce sens, « sort » ou « émane » de lui, mais à partir de rien. C'est la différence entre l'émanation néoplatonicienne et l'émanation chrétienne.

Espèce (*species*)

D'après Bonaventure lui-même, « ce mot renferme trois choses : être ressemblance, être principe de connaissance, être beau » (*I Sent.*, d. 31, p. 2, a. 1, q. 3 [I, 544]). L'espèce désigne soit l'objet sensible en tant qu'il est constitué selon un certain nombre (l'espèce désigne alors la vérité de la chose, et donc sa beauté propre), soit le rayonnement de l'objet sensible, sa ressemblance diffusée autour de lui et reçue par celui qui ainsi perçoit et connaît l'objet. Sur ce point, voir Laure Solignac, *La voie de la ressemblance. Itinéraire dans la pensée de Bonaventure*, Paris, Hermann, « De visu », 2014, chapitre I.

Esprit (*mens, spiritus, animus*)

Dans l'*Itinéraire*, le mot « esprit » traduit généralement *mens*, terme dont Bonaventure décline les diverses significations en *I Sent.*, d. 3, p. 2, a. 2, q. 1, resp. (I, 89). Deux définitions importantes ressortent : soit le mot *mens* désigne la totalité de l'âme humaine (sens, imagination, raison, mémoire, intelligence, volonté), mais sans considérer ses fonctions corporelles (le terme utilisé sera dans ce cas *anima*) ; soit le mot *mens* désigne la partie supérieure de l'âme humaine, le sommet de l'esprit, ou *apex mentis*, tourné vers Dieu, comme on le voit en *Itinerarium* I, 4.

Étant (*ens*), être (*esse*)

Le latin médiéval fait une distinction entre *esse* (le fait d'être) et *ens* (c'est-à-dire ce qui est, ce qui « a » l'être). Il est devenu habituel de traduire *ens* par « étant », mais le mot « être » employé comme substantif, en français, signifie la même chose (dans des expressions comme « l'être humain », « un être merveilleux », etc.) L'étant désigne tel être en particulier, alors que l'*esse* désigne le fait d'être. L'*ipsum esse* (expression très utilisée dans le chapitre V) désigne Dieu comme celui qui est « l'être-même », celui qui est par excellence. Thomas d'Aquin utilisera dans la *Somme de théologie* une expression très proche : *ipsum esse subsistens*.

Éviternel (*aeviternum*)

L'*aevum* désigne une temporalité intermédiaire entre le temps de tout ce qui a un commencement et une fin, et l'éternité comme présence à tous les temps, sans succession. L'*aeviternitas* est donc le temps de ce qui commence, étant créé, mais ne finit pas : il s'agit de la temporalité propre aux créatures spirituelles. À l'inverse de certains de ses contemporains, Bonaventure considère qu'il y a bien une certaine durée et une succession temporelle dans l'*aevum*. Voir *II Sent.*, d. 1, p. 1, a. 1, q. 3 (II, 6).

Extase (*excessus, ecstasis*)

En théologie mystique, l'extase désigne l'état le plus élevé de la contemplation mais aussi le plus paradoxal du point de vue de l'intelligence : si les puissances affectives sont entièrement enflammées par la présence divine (*Triple voie*, II, 3, n. 4 et III, 4, n. 6-8 (VIII, 9, 14-15), les puissances intellectuelles sont plongées dans l'obscurité (*Breviloquium*, V, chap. 6, § 8 [V, 260]). Le plus haut degré d'illumination correspond donc, du point de vue subjectif et intellectuel, au plus haut degré d'aveuglement ; le contemplatif est alors comme hors de soi, dans un état d'ivresse amoureuse. L'extase débouche sur ce que Bonaventure appelle la « connaissance excessive » ou « extatique » : l'esprit est étreint par Dieu et s'assimile à lui, mais aucune connaissance compréhensive de Dieu n'est possible pour autant : « J'appelle connaissance extatique, non pas celle où celui qui connaît dépasse ce qu'il connaît, mais celle où celui qui connaît est entraîné vers un objet qui le dépasse, sur un mode extatique qui l'élève au-delà de lui-même. » (*Quaestiones disputatae de scientia Christi*, q. 7, resp. [V, 40]) Il faut noter que l'extase, pour Bonaventure, n'est pas une expérience de vacuité, mais une sortie par « excédent », ce que rend bien le latin *excessus*.

Fruition (*fruitio*)

Comme celle d'usage (*usus*), Bonaventure emprunte cette notion à saint Augustin. La fruition désigne le fait d'adhérer et d'être uni dans la joie à une chose à cause d'elle-même (*Collationes in Hexaëmeron*, XVIII, 26). La fruition désigne donc la jouissance, et en particulier la plus élevée qui soit pour la créature rationnelle : l'union à Dieu (*II Sent.*, d. 19, a. 1, q. 2, resp. [II, 463]). Bien que la fruition signifie proprement la délectation de la volonté ou de l'amour dans le bien désiré (*Triplici via* III, 1 [VIII, 11]),

Bonaventure utilise également ce terme en un sens plus général pour décrire l'état de perfection des puissances rationnelle, concupiscible et irascible sur lesquels se sont greffées la foi, la charité et l'espérance, et les béatitudes correspondantes : vision, amour et possession (*IV Sent.*, d. 49, p. I, a. un., q. 5, resp. [IV, 1009]).

Hiérarchique (*hierarchicus*)

S'inspirant de Denys l'Aréopagite et de ses commentateurs, Bonaventure définit la hiérarchie comme « la puissance ordonnée des choses sacrées et raisonnables » (*II Sent.*, d. 19, Praenotata [II, 238]). Le Docteur séraphique distingue ainsi, de manière analogique, les hiérarchies divine, angélique et ecclésiale (voir *Breviloquium*, Prologus, 3 [V, 203]). La hiérarchie la plus élevée est celle de la Trinité ; puis vient la hiérarchie des anges, et enfin la hiérarchie de l'Église, qui inclut elle-même des âmes hiérarchisées, et c'est le plus souvent à ce propos que Bonaventure utilise le terme « hiérarchique ». Un esprit hiérarchique est un esprit dans lequel une orientation dynamique vers la Trinité, une « montée », a été établie par la grâce. La verticalité de l'esprit hiérarchique répond ainsi à la courbure du péché originel, évoquée dans *Itinerarium* I, 7.

Hypostase (*hypostasis*)

Hypostase est le mot grec qui sert à désigner les personnes divines. Bonaventure a longuement clarifié la signification des mots fondamentaux de la théologie trinitaire (substance, subsistence, hypostase, personne, essence) dans son *Commentaire des Sentences*, ce qui lui a valu, en 1273, d'organiser et de présider le Concile de Lyon entre Grecs et Latins. Sur ce point, voir Laure Solignac, « Les personnes divines selon saint Bonaventure », *Revue des sciences philosophiques et théologiques*, tome 94, n°3, 2010, p. 451-480.

Illumination (*illuminatio*)

Jaillissement de la lumière divine, intellectuelle ou physique dans un être. La lumière étant coextensive à l'être, selon Bonaventure, tout être est « illuminé » et réfléchit la lumière qu'il reçoit (*Hexaëmeron* XI, 13 [V, 382] ; *II Sent.*, d. 13, a. 2, q. 2, resp. [II, 320-321]). L'illumination est source de connaissance.

À la source scripturaire de l'illumination venant du Père (Jc 1, 17) s'ajoute une source philosophique d'origine platonicienne (*République* 508b-509a) ; les deux affluents confluent chez saint Augustin en une première grande théorie chrétienne de l'illumination, dans laquelle Bonaventure inclura explicitement la connaissance sensible, les arts mécaniques et les différentes branches de la philosophie dans le *De reductione artium ad theologiam* 1 (V, 319). Sur l'écart entre Bonaventure et Augustin à propos de l'illumination, voir l'importante contribution de Lydia Schumacher, dans *Divine Illumination : the History and Future of Augustine's Theory of Knowledge*, Oxford, Wiley-Blackwell, 2011 ; état des lieux à compléter par celui de Laure Solignac, dans *La Voie de la ressemblance. Itinéraire dans la pensée de saint Bonaventure*, Paris, Hermann, « De visu », 2014 (chapitre VI, 3 e sous-partie : « la théorie de la double illumination »).

Image (*imago*)

« On appelle image ce qui exprime et imite un autre. Et de cette façon, *image* s'entend en deux sens, conformément aux deux sens de l'expression, à savoir soit dans l'unité de nature, soit dans la diversité de nature ; dans la communauté ou l'unité de nature, comme lorsque l'on dit que le fils de l'empereur est l'image de son père ; dans la diversité de nature, comme lorsque l'on dit que l'image de l'empereur est sur la pièce de monnaie. » (*I Sent.*, d. 31, p. II, a. 1, q. 1, resp. [I, 540]). Au premier sens, le mot image s'applique donc particulièrement au Fils de Dieu, Verbe et Image du Père. Au second sens, il désigne les créatures faites à l'image de Dieu, à savoir l'homme et l'ange, qui sont immédiatement ordonnés à Dieu comme à leur fin (*Breviloquium* III, c. 6, 2 [V, 235]). Sur l'inscription de l'image en l'homme, mémoire, intelligence et volonté, voir *I Sent.*, d. 3, p. II, a. 2, q. 1, resp. (I, 88-90).

Influence (*influentia*)

L'influence « est l'agir *ad extra* de Dieu, analogue à l'émanation des personnes à l'intérieur de la Trinité. C'est une autre façon d'envisager la causalité créatrice en tant qu'elle est contemporaine de son effet et qu'elle détermine en toute créature des relations habituelles à la Trinité. » (*Lexique saint Bonaventure*, p. 88) L'influence désigne donc la présence agissante de Dieu, à l'œuvre dans les créatures, pour les créer, pour leur faire porter du fruit, et pour les reconduire à lui. Dans le cas de l'homme, cette action s'étend également au domaine de la connaissance, de la vie morale et de la grâce. (Voir entre autres *Breviloquium* V, c. 1, 3 [V, 252], *De scientia Christi*, V, resp. [V, 29])

Innascibilité (*innascibilitas*)

Concept utilisé par Bonaventure pour désigner le fait que le Père n'est pas engendré, n'a pas de « naissance », mais qu'il est au contraire la source de toutes choses. L'innascibilité est donc une notion qui décrit négativement la primauté absolue du Père. Sur ce point, voir Emmanuel Falque, *Saint Bonaventure et l'entrée de Dieu en théologie*, Paris, Vrin, « Études de philosophie médiévale », 2000, p. 93-95.

Jugement (*diiudicatio*)

Le jugement suscité par l'expérience du plaisir consiste dans le discernement et la reconnaissance de la racine divine de la chose dans le Verbe, c'est-à-dire de sa raison (*ratio*), absolument indépendante de l'esprit humain, et identique au Verbe lui-même. Un tel « jugement » ne peut se produire que dans le cadre d'une illumination. Voir *Lexique saint Bonaventure*, p. 54-55.

Libéralité (*liberalitas*)

Cette notion concerne prioritairement l'Esprit saint, ce qui en fait un synonyme de la grâce. La libéralité désigne la façon dont l'Esprit est spiré, à savoir volontairement et par amour : il est la gratuité et l'amour personnifiés. Voir Laure Solignac, *La Voie de la ressemblance*, p. 132-134.

Miroir (*speculum*)

Un miroir est un être qui renvoie vers Dieu celui qui le considère. Pensé sur le modèle des miroirs artificiels, le miroir qu'est la créature requiert, comme le dit Bonaventure dans l'*Hexaëmeron* III, une certaine opacité (il n'est pas transparent), un polissage (pour qu'une image nette s'y forme) et un éclat (il ne produit pas lui-même la lumière, mais la réfléchit). La créature ou l'ensemble de créatures considérées pour contempler Dieu dans la « spéculation » ne peuvent apparaître comme un miroir que par une préparation adéquate de l'esprit. Pour plus de détails, voir l'introduction.

Onction (*unctio*)

L'onction désigne de façon générale l'acte de répandre une huile sainte sur la tête de quelqu'un pour le consacrer à Dieu ; il est alors *christos*, oint. Mais chez Bonaventure, l'onction signifie par extension l'union à Dieu dans le feu de l'Esprit saint, et donc, une participation à la vie du Fils de Dieu.

Passage (*transitus*)

Le « passage » renvoie à la fois à la Pâque (le passage de la mer rouge par les Hébreux), à la mort et à la résurrection du Christ (Pâque figurée par la précédente) et à la mort même de François d'Assise, si évidemment associée à la Pâque du Christ et pour cette raison appelée « transitus » dès l'origine. Le *transitus* désigne donc le fait de passer de ce monde à Dieu et à sa paix.

Voir André Ménard, article « Transitus » dans *Dizionario bonaventuriano*, a cura di E. Casaroli, Editrici franscescane, Padova, 2008, p. 810-818.

Prière (*oratio*)

C'est l'acte de parler à Dieu. Bonaventure y consacre un exposé complet et concis dans le *Breviloquium* V, 10 (V, 263) : « Bien que Dieu soit très libéral et plus prompt à donner que nous à recevoir, il veut cependant être prié par nous, afin d'avoir l'occasion de distribuer les dons de la grâce de l'Esprit saint. [...] Puisque celui qui prie le fait pour quêter le secours de Dieu, alléguer sa propre misère et rendre grâce pour le bienfait donné gratuitement, la prière dispose à recevoir les divins charismes. »

Résoudre, résolution (*resolvere*)

« Resolutio » et « resolvere » désignent généralement l'acte de la reconduction dans le domaine de la logique et du raisonnement. « Résoudre » une notion ou un terme consiste à les rapporter à ce dont ils dépendent, et *in fine*, à Dieu, principe de toutes choses (voir *Breviloquium* V, 1, 6 [V, 253]). Il semble que sur ce point, Bonaventure s'inspire de Jean Scot Érigène (notamment dans le *Commentaire de la Hiérarchie céleste*, VII, 7 (PL 122, 184-185), ainsi que de Boèce et de Chalcidius. Voir J.-G. Bougerol, *Introduction à l'étude de saint Bonaventure*, p. 119 : « Réduire la vérité d'un jugement quelconque est donc, en définitive, ramener ce jugement, de conditions en conditions, jusqu'aux raisons éternelles qui le fondent ». La résolution est complète lorsque son terme divin est atteint. Bonaventure donne un exemple du cas contraire dans les *Quaestiones disputatae de Mysterio Trinitatis*, q. I, a. 1, arg. pro 7 (V, 49) : « Le doute surgit pareillement quant au défaut dans l'acte de résolution, lorsque l'intellect charnel ne sait remonter que jusqu'aux choses évidentes pour les sens, comme le sont les réalités corporelles. C'est pourquoi certains ont pensé que le soleil visible, qui est le principe parmi les créatures corporelles, était Dieu, parce qu'ils ne savaient pas remonter jusqu'à la substance incorporelle ni jusqu'aux premiers principes des choses. »

Ressemblance (*similitudo*)

Au sens habituel, la ressemblance désigne le rapport qui existe entre deux êtres ayant une qualité commune (*I Sent.*, d. 19, p. I, a. 1, q. 1, fund. 4 [I, 342]). Mais Bonaventure utilise ce terme pour désigner non pas un rapport, mais une chose qui dépend d'une autre, l'exprime et permet d'y accéder, comme c'est le cas du Fils par rapport au Père, de la créature par rapport au Créateur, de l'espèce par rapport à l'objet dont elle émane... Au sens le plus précis, ressemblance se distingue d'image et de vestige, et signifie alors chez une créature le degré le plus haut de ressemblance avec Dieu. Si toutes les créatures sont donc des « ressemblances » de Dieu, comme le Verbe est la Ressemblance du Père, certaines sont toutefois plus assimilées à Dieu que d'autres ; l'homme et l'ange, en tant que créatures rationnelles, sont aptes à connaître et à aimer Dieu (ils sont à son image), et donc à lui être unis autant qu'il est possible à une créature. Sur ce point, voir Laure Solignac, *La Voie de la ressemblance. Itinéraire dans la pensée de saint Bonaventure*, Paris, Hermann, « De visu », 2014 : chapitre I sur l'espèce sensible, chapitre II et III sur la Ressemblance dans la Trinité, chapitre IV sur le monde comme ressemblance de Dieu, chapitre V sur l'homme comme ressemblance de Dieu et chapitre VI sur la différence entre ressemblance et analogie.

Salubre (*saluber*)

Ce mot désigne une chose activement saine, qui apporte le salut (la santé en l'occurrence), donc une chose « salutaire ». Cette expérience se rapportant d'abord à des réalités simples et quotidiennes (restauration, chaleur du vêtement...), le français « salubre » a été préféré, mais ne doit pas faire oublier cette connotation salvifique : l'indigence humaine la plus élémentaire, comblée par la nourriture et le vêtement, conduit à la considération de l'indigence générale des êtres humains, qui permet à Dieu de les combler et d'être, comme disait François d'Assise, leur « tout ».

Sens spirituels (*sensus* spirituales)

Les sens spirituels sont des capacités de l'âme, greffées sur les sens corporels, formées par la grâce du Saint-Esprit ; ils désignent « les perceptions mentales (*perceptiones mentales*) de la vérité à contempler. » (*Breviloquium* V, 6, § 7 [V, 260]). Animé par l'Esprit saint, l'être humain voit, entend, sent, goûte et touche Dieu, non seulement par l'intermédiaire des créatures sensibles, mais aussi en lui-même. Les sens spirituels se développent sous l'influence de la foi, de l'espérance et de la charité, et font croître la joie spirituelle (nombreuses références dans le *Lexique saint Bonaventure*, p. 117).

Spéculation (*speculatio*)

La spéculation désigne un acte intellectuel et un exercice spirituel par lequel l'esprit « fabrique » un support, le « miroir » (*speculum*), qui lui permettra indirectement de contempler Dieu et d'être élevé jusqu'en Lui. Il s'agit donc d'un moyen d'enflammer le désir de l'union à Dieu, et non d'un exercice purement intellectuel. Pour fabriquer ce miroir, l'homme contemplatif s'appuie sur les propriétés des créatures, les assemble de manière signifiante et les fait « miroiter » afin d'en être illuminé. Sur ce point, voir l'introduction.

Syndérèse (*synderesis*)

Il s'agit de la plus haute puissance de l'âme, et c'est à partir de cette « cime » que s'accomplit le *transitus* (*le passage*) mystique ou union mystique. Il semble que le terme remonte au *Commentaire sur Ezéchiel* de saint Jérôme où il compare cette puissance à l'aigle. Selon Bonaventure, c'est le centre de gravité de l'âme qui se tourne vers la bonté et qui fuit le mal : « La syndérèse dit ce qui stimule au bien » (*II Sent.*, d. 39, a. 2, q. 1 [II, 910]). Il explique aussi la différence entre la syndérèse et la conscience : « En effet la conscience dicte et la syndérèse désire ou repousse […] et ainsi, à proprement parler, la syndérèse dit la puissance affective pour autant qu'elle est naturelle et équipée pour le bien et tend au bien ; la conscience, elle, dit un habitus de l'intellect pratique […] » (*II Sent.*, d. 39, a. 2, q. 1 [II, 914] et *dub.* [II, 917]).

Verbe / verbe (*Verbum*)

Bonaventure explique ce qu'est un verbe dans le *Commentaire des Sentences* (d. 27, p. II, a. un., q. 3 [I, 487]) : « Il faut dire que dans la notion de verbe se trouvent les conditions suivantes : la connaissance de celui qui intellige, la conception de la ressemblance et l'expression de quelque chose. Le verbe n'est en effet rien d'autre qu'une ressemblance exprimée et expressive, conçue par la force de l'esprit de celui qui intellige, selon qu'il se comprend lui-même ou comprend autre chose. Il est donc clair que la notion de verbe présuppose les notions de connaissance, de génération et d'image : notion de connaissance dans l'intuition de l'esprit qui intellige, notion de génération dans une conception intérieure, notion d'image dans la ressemblance conforme en tout, et le verbe ajoute à tout cela la notion d'expression ». On comprend ainsi pourquoi cette notion de verbe peut être appliquée au Fils de Dieu, Verbe du Père : « Il est impossible à l'Esprit suréminent de ne pas se comprendre, et, comme l'intelligé est égal à l'intellect, il intellige tout ce qu'il est et tout ce qu'il peut : par conséquent, la raison d'intelligence aussi est égale à l'intellect dont elle est la ressemblance. Et cette ressemblance est le Verbe, parce que selon Augustin et Anselme, la ressemblance qui est à la pointe de l'esprit qui se tourne vers lui-même est le Verbe. Par conséquent, si cette ressemblance est égale à Dieu, alors elle est Dieu, et, ayant Dieu pour origine, elle représente Dieu en tant qu'il est origine, et tout ce que peut le Père. Donc elle représente la multiplicité des choses. » (*Hexaëmeron*, III, 4 [V, 343])

Vertu (*virtus*)

Lorsqu'il est employé avec substance et opération, ce mot désigne la créature envisagée sous l'aspect de la force et de la capacité (voir par exemple *I Sent.*, d. 8, p. II, q. 2, resp. [I, 168]). En un second sens, la *virtus* morale ou théologale est une disposition acquise ou reçue pour rectifier l'âme, la renforcer et lui permettre d'atteindre sa fin.

Voir la riche notice du *Lexique saint Bonaventure*, p. 134-136.

Vestige (*vestigium*)

Propriété universelle des êtres créés, par laquelle ils expriment Dieu et se rapportent à lui, en tant qu'unité, vérité et bonté, mais aussi comme cause efficiente, exemplaire et finale. Le vestige manifeste la structure trinitaire de toute créature et constitue donc la « signature » de Dieu dans sa création. La condition de vestige n'est pas un accident par rapport à la substance de la chose (*II Sent.*, d. 16, a. 1, q. 2, arg. 4 (II, 397); *Hexaëmeron* II, 23 (340)) : il s'agit de l'être même de la créature, en tant qu'elle est liée à Dieu et dépendante de lui. Le vestige donne accès à une connaissance lointaine mais distincte de Dieu, alors que l'image en donne une connaissance « proche ». Voir *I Sent.*, d. 3, a. 1, q. 2, resp. (I, 73), ainsi que Laure Solignac, *La Voie de la ressemblance*, p. 209-261.

BIBLIOGRAPHIE

1. *Éditions critiques*

DOCTORIS SERAPHICI S. BONAVENTURAE, *Opera omnia*, Éd. Studio et cura PP. Collegii a S. Bonaventura, Florentiae, Collegium S. Bonaventurae, 1882-1902, 10 volumes in-folio. Tomes I-IV : *Commentaria in quatuor libros Sententiarum* ; tome V : *Opuscula theologica* ; tome VI : *Commentaria in sacram Scripturam* ; tome VII : *Commentarium in evangelium S. Lucae* ; tome VIII : *Opuscula varia ad theologiam mysticam* ; tome IX : *Sermones* ; tome X : *complementum* (bibliographie, index).
– Le tome V des *Opera omnia* comprend les œuvres les plus fameuses de Bonaventure, dont l'Itinéraire : *Quaestiones disputatae de scientia Christi*, p. 1-43 ; *Quaestiones disputatae de mysterio Trinitatis*, p. 45-115 ; *Quaestiones disputatae de perfectione evangelica*, p. 117-198 ; *Breviloquium*, p. 199-291 ; *Itinerarium mentis in Deum*, p. 293-316 ; *Opusculum de reductione artium ad theologiam*, p. 317-325 ; *Collationes in Hexaëmeron*, p. 327-454 ; *Collationes de septem donis spiritus sancti*, p. 455-503 ; *Collationes de decem praeceptis*, p. 507-532 ; *Sermones selecti de rebus theologicis* (dont le Sermon « Christus unus et omnium magister »), p. 533- 574 ; *Tractatus de plantatione paradisi*, p. 574-579.

2. *Traductions françaises (sélection)*

Breviloquium. Prologue, introduction et notes par Jacques-Guy Bougerol, Paris, Éditions franciscaines, 1966.
Breviloquium. La Trinité de Dieu (pars I), introduction et notes par Luc Mathieu, Paris, Éditions franciscaines, 1967.
Breviloquium. Le monde créature de Dieu (pars II), introduction et notes par Trophime Mouiren, Paris, Éditions franciscaines, 1967.

Breviloquium. La corruption du péché (pars III), introduction et notes par Ph. Delhaye et L. Hamelin, Paris, Éditions franciscaines, 1967.

Breviloquium. L'incarnation du Verbe (pars IV), introduction et notes par Bruno Carra de Vaux, Paris, Éditions franciscaines, 1967.

Breviloquium. La grâce du Saint-Esprit (pars V), introduction et notes par Jean-Pierre Rezette, Paris, Éditions franciscaines, 1967.

Breviloquium. Les remèdes sacramentels (pars VI), introduction et notes par Luc Mathieu, Paris, Éditions franciscaines, 1967.

Breviloquium. Le jugement dernier (pars VII), introduction et notes par Louis Prunières, Paris, Éditions franciscaines, 1967.

La Triple voie (De triplici via), introduction, traduction et notes par Jacques-Guy Bougerol, Paris, Éditions franciscaines, 1998.

Le Christ Maître (Sermo IV « Christus unus omnius Magister »), introduction, traduction et notes par Goulven Madec, Paris, Vrin, 1990.

Légende majeure, traduction par Marc Ozilou, dans Dalarun Jacques (éd.), *François d'Assise : écrits, Vies et témoignages. Édition du viiie centenaire*, préface d'André Vauchez, Paris, Cerf-Éditions franciscaines, « Sources franciscaines », 2010., Paris, Édition franciscaine, 2009.

Légende mineure, traduction par Marc Ozilou, dans Dalarun Jacques (éd.), *François d'Assise : écrits, Vies et témoignages. Édition du VIIIe centenaire*, préface d'André Vauchez, Paris, Cerf-Éditions franciscaines, « Sources franciscaines », 2010.

Les Sentences. Questions sur Dieu, Avant-propos de Ruedi Imbach, introduction, traduction et notes par Marc Ozilou, Paris, PUF, « Épiméthée », 2002.

Les Six jours de la création (Collationes in Hexaemeron sive illuminationes Ecclesiae), introduction, traduction et notes par Marc Ozilou, Desclée-Cerf, 1991.

Prologues des 2e, 3e et 4e livres du Commentaire des Sentences, traduction par André Ménard, dans *Études franciscaines*, Nouvelle série, 7, 2014, fasc. 2, p. 329-357.

3. *Études*

BALTHASAR Hans Urs von, *La Gloire et la Croix*, t. II, « Styles », Paris, Aubier, 1968.

BELLANDI Andrea, « La presenza dell'Itinerarium mentis in Deum negli studi inerenti a san Bonavetura di Joseph Ratzinger », *Studi francescani* 107 (2010), p. 365-393.

BETTONI Efrem, L'uomo in cammino verso Dio, commento all'Itinerario dell'anima a Dio di s. Bonaventura, Milano, Edizioni Biblioteca Francescano, 1978.

BERTI Enrico, « Il concetto di analogia in San Bonaventura », *Doctor seraphicus*, anno 32, 1985.

– « Aristotelismo e antiaristotelismo in Bonaventura, Itinerarium V », dans E. Berti, *Nuovi studi aristotelici*, tome II, Brescia, Morcelliana, 2004, p. 183-191.

BISSEN Jean-Marie, *L'Exemplarisme divin selon saint Bonaventure*, Paris, Vrin, 1929.

BLOHM Michelle, « The Feminine and Masculine as Principles of Ascent in the *Itinerarium* », *American Catholic Philosophical Quarterly* 85 (2011), p. 25-42.

BOUGEROL Jacques-Guy, *Bibliographia bonaventuriana (1870-1973)*, Grottaferrata, Collegio S. Bonaventura, 1974.

– *Introduction à saint Bonaventure*, Paris, Vrin, 1988.

– *Introduction à l'étude de saint Bonaventure*, Tournai, Desclée de Brouwer, 1961.

– *Saint Bonaventure. Études sur les sources de sa pensée*, Variorum reprints, Northampton, 1989.

BRITO Martins Maria Manuela, *Saõ Bonaventura. Itinerário da mente para Deus. Uma leitura introdutória*, Porto, Centro de Estudos franciscanos, 2009.

CIAMPANELLI Filippo, « *Hominem reducere ad Deum* ». La funzione mediatrice del Verbo incarnate nella teologia di san Bonaventura, Roma, Gregoriana and Biblical Press, « Analecta Gregoriana » n° 310, 2010.

CULLEN Christopher, *Bonaventure*, Oxford, Oxford University Press, « Great Medieval Thinkers », 2006.

CUTTINI Elisa, *Ritorno a Dio. Filosofia, teologia, etica della "mens" nel pensiero di Bonaventura da Bagnoregio*, Soveria, Mannelli, 2002.

– « Reductio », dans *Dizionario bonaventuriano (filosofia, teologia, spiritualità)*, dir. E. Caroli, Editrici Francescane, Padoue, 2008, p. 672-679.

DELIO Ilia, *A Franciscan view of Creation. Learning to live in a sacramental World*, USA-St Bonaventure, The Franciscan Institute, St Bonaventure University, 2003.

DILLARD Peter S., *A Way to Scholasticism. A Companion to St. Bonaventure's The Soul's Journey into God*, Eugene (Oregon), Cascade Books, « Cascade Companions 13 », 2011.

Dizionario bonaventuriano (filosofia, teologia, spiritualità), dir. E. Caroli, Padoue, Editrici Francescane, 2008.

FALQUE Emmanuel, *Dieu, la chair et l'autre*, « Épiméthée », Paris, P.U.F., 2008, chapitre VI « la conversion de la chair (Bonaventure) », p. 289-344.

– « Limites théologiques et finitude phénoménologique chez Thomas d'Aquin », *Revue des sciences philosophiques et théologiques*, t. 92 (2008), p. 527-556.

– *Saint Bonaventure et l'entrée de Dieu en théologie. La somme théologique du Breviloquium*, Paris, Vrin, « Études de philosophie médiévale », 2000.

FERRARA Alfio, « Categorie, relazioni e metafore nell'Itinerarium », *Doctor Virtualis. Rivista on line di storia della filosofia medievale* 5 (2006), p. 85-99.

GERKEN Alexander, *La Théologie du Verbe [Theologie des Wortes. Das Verhältnis von Schöpfung und Inkarnation bei Bonaventura]*, traduction de Jacqueline Gréal, Paris, Éditions franciscaines, 1970.

GHISALBERTI Alessandro, « Il desiderio della felicità in San Bonaventura », *Itinerarium* 56 (2010), p. 419-432.

GILSON Étienne, *La Philosophie de saint Bonaventure*, Paris, Vrin, « Études de philosophie médiévale », 1923.

HAMMOND Jay, « Bonaventure's Itinerarium : A respondeo », *Franciscan Studies* 67 (2009), p. 301-321.

HAYES Zachary, « The Metaphysics of Exemplarity and the Itinerarium », *The Cord* 59 (2009), p. 409-424.

HUGHES Kevin L., « A Song of ascent : Bonaventure's Itinerarium as spiritual exercise », *Collectanea franciscana* 79 (2009), p. 505-515.

JOHNSON Timothy, *Bonaventure : Mystic of God's Word*, ed. Timothy Johnson, New York City Press, New York, 1999.

– « Reading between the Lines. Apophatic Knowledge and Naming the Divine in Bonaventure's Book of Creation », *Franciscan Studies*, 60, 2002, p. 139-158.

LA NAVE Gregory F. « Knowing God through and in all things : A proposal for reading Bonaventure's Itinerarium », *Franciscan Studies* 67 (2009), p. 267-299.

MARTINELLI Paolo, « L'Itinerarium di san Bonaventura da Bagnoregio nel pensiero di Hans Urs von Balthasar », *Studi francescani* 107 (2010), p. 395-421.

MATHIEU Luc, *La Trinité créatrice d'après saint Bonaventure* [thèse soutenue en 1960], Paris, Éditions franciscaines, 1992.

MAURO Letterio, « La felicità dell'itinerante », *Doctor Seraphicus* 56 (2009), p. 47-62.

METSELAAR Suzanne, « The Structural Similarity between the Itinerarium and the Collationes in Hexaëmeron », *American Catholic Philosophical Quarterly* 85 (2011), p. 43-75.

MUSCAT Noël, « Francesco, esemplificazione della *theologia crucis* di Bonaventura », *Doctor Seraphicus*, Anno LII, 2005.

PONTIFICIA UNIVERSITÀ ANTONIANUM, « San Bonaventura, Itinerarium : la recezione nel secolo XX. Giornata di studio in due sessioni, Roma, 27 ottobre 2009 », *Studi francescani* 107 (2010), p. 343-505.

PULIDO Manuel Lázaro, « Filosofía e espiritualidad en el Itinerarium de san Buenaventura », *Revista Portuguess de Filosofía* 64 (2008), p. 105-136.

PRUNIÈRES Louis, « L'itinéraire de l'esprit en Dieu », commentaire en dix articles du prologue et des quatre premiers chapitres, dans *Études franciscaines*, tomes 22 à 26, n° 61, 62, 63-64, 65, 66, 69, 72, 76, 78, 1972-1976.

QUINN John Francis, *The Historical Constitution of saint Bonaventure's Philosophy*, Toronto, Pontifical Institute of medieval Studies, 1973.

REYNOLDS Philip L., « Analogy of names in Bonaventure », *Medieval Studies* 65, 2003, p. 117-162.

– « Bonaventure's Theory of Resemblance », *Traditio* 49, 2003, p. 219-255.

SCHLOSSER Marianne, *Saint Bonaventure. La joie d'approcher Dieu*, traduction de Jacqueline Gréal, Paris, Cerf-Éditions Franciscaines, « Initiations au Moyen Âge », 2006.

SCHUMACHER Lydia, « L'Itinéraire de l'esprit vers Dieu de saint Bonaventure : une remontée augustinienne traditionnelle ? », *Études franciscaines*, Nouvelle série, 4 (2011), p. 177-193.

SOLIGNAC Laure, « Bonaventure : les noms divins comme miroirs trinitaires », *Études franciscaines*, Nouvelle série, 4, 2011, fasc. 1, p. 49-66.

– « La théologie symbolique comme bon usage du sensible », dans *Lire le monde au Moyen Âge*, numéro spécial de la *Revue des sciences philosophiques et théologiques*, Paris, Vrin, t. 95 (2011), p. 413-428.

– *La Théologie symbolique de saint Bonaventure*, Paris, Parole et silence, « Cahiers du Collège des Bernardins », 2010.

– *La Voie de la ressemblance. Itinéraire dans la pensée de saint Bonaventure*, Paris, Hermann, « De vis », 2014.

URIBE Francesco, *Il Francesco di Bonaventura. Lettura della Leggenda Maggiore*, Assisi, Edizioni Porziuncola, 2003.

ZINN Grover A., « Book and Word. The victorine Background of Bonaventure's use of symbols », *S. Bonaventura (1274-1974)*, Vol. 2, Grottaferrata, Collegio S. Bonaventura, 1974, p. 143-169.

TABLE DES MATIÈRES

BONAVENTURE
ITINÉRAIRE DE L'ESPRIT JUSQU'EN DIEU

COMMENCEMENT DE LA SPÉCULATION
DU PAUVRE DANS LE DÉSERT

Achevé d'imprimer le 31 juillet 2019
sur les presses de
La Manufacture - Imprimeur – 52200 Langres
Tél. : (33) 325 845 892

N° imprimeur : 190878 - Dépôt légal : août 2019
Imprimé en France